Coleção Segredos da Mente Milionária

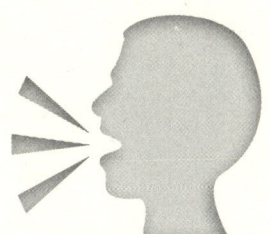

O PODER DA VERDADE

WILLIAM GEORGE JORDAN

Coleção Segredos da Mente Milionária

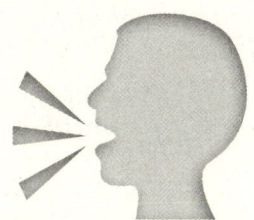

O PODER DA VERDADE

Tradução
Silvia Maria Moreira

Esta é uma publicação Principis, selo exclusivo da Ciranda Cultural
© 2021 Ciranda Cultural Editora e Distribuidora Ltda.

Traduzido do original em inglês
The Power of Truth: Individual Problems and Possibilities

Texto
William George Jordan

Tradução
Silvia Maria Moreira

Preparação
Edna Adorno

Revisão
Cleusa S. Quadros

Produção editorial
Ciranda Cultural

Diagramação
Linea Editora

Design de capa
Ana Dobón

Ilustrações
Vicente Mendonça

Dados Internacionais de Catalogação na Publicação (CIP) de acordo com ISBD

J82p	Jordan, William George
	O poder da verdade / William George Jordan ; traduzido por Silvia Maria Moreira ; ilustrado por Vicente Mendonça. – Jandira, SP : Principis, 2021.
	96 p. : il. ; 15,5cm x 22,6cm. - (Segredos da mente milionária)
	Tradução de: The power of truth: Individual Problems and Possibilities
	ISBN: 978-65-5552-546-5
	1. Autoajuda. 2. Verdade. 3. Poder. 4. Literatura americana. I. Moreira, Silvia Maria. II. Mendonça, Vicente. III. Título. IIV. Série.
2021-2230	CDD 158.1
	CDU 159.947

Elaborado por Vagner Rodolfo da Silva - CRB-8/9410

Índice para catálogo sistemático:
1. Autoajuda 158.1
2. Autoajuda 159.947

1ª edição em 2021
www.cirandacultural.com.br
Todos os direitos reservados.
Nenhuma parte desta publicação pode ser reproduzida, arquivada em sistema de busca ou transmitida por qualquer meio, seja ele eletrônico, fotocópia, gravação ou outros, sem prévia autorização do detentor dos direitos, e não pode circular encadernada ou encapada de maneira distinta daquela em que foi publicada, ou sem que as mesmas condições sejam impostas aos compradores subsequentes.

Sumário

O poder da verdade 9

Coragem para enfrentar a ingratidão 23

Pessoas que vivem em castelos de vento 33

Espadas e bainhas 43

A conquista do evitável 51

Convivendo com a tolerância 61

Coisas que chegam tarde demais 73

O papel do reformador 83

Sobre o autor 93

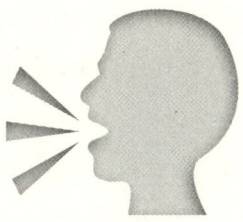

O poder da verdade

A verdade é o alicerce de todo grande caráter. É lealdade ao que é certo como o vemos; é a coragem de viver em harmonia com nossos ideais; é sempre... poder.

A verdade sempre desafia toda definição. Assim como a eletricidade pode ser explicada só quando se nota sua manifestação. É a bússola da alma, a guardiã da consciência, o marco definitivo do que é justo. A verdade é a revelação do ideal; mas é ao mesmo tempo inspiração para compreendê-lo, o impulso constante de vivenciá-lo.

Mentir é o vício mais antigo do mundo, registrado já na primeira conversa da história, numa famosa entrevista no Jardim do Éden. Mentir é o sacrifício da honra para criar falsa impressão. É mascarar-se em virtudes desajustadas. A verdade se sustenta sozinha, não precisa de guia ou acompanhante.

Mentiras são coisas que covardemente, temerosamente, viajam em bandos. São como uma porção de bêbados que em vão tentam apoiar-se uns nos outros, parceiros e cúmplices de todos os demais vícios, o câncer da degradação moral da vida do indivíduo.

A verdade é a mais antiga das virtudes e existe antes da criação do homem, antes mesmo de haver alguém para percebê-la ou aceitá-la. É o imutável, o constante. A lei é a verdade eterna da natureza, a unidade que sempre produz resultados idênticos em condições idênticas. Quando descobrimos a grande verdade da natureza, adquirimos a capacidade de compreender milhões de fenômenos; ao assimilarmos a grande verdade moral ganhamos a chave do renascimento espiritual. Para o indivíduo, a verdade não existe em teoria, precisa ser provada em fatos. Não a consideraremos legítima se ela não estiver incutida na nossa mente e na nossa vida, ou seja, inseparável. Se não a conhecermos e não a incorporarmos, nossa vida será uma mentira.

Aquele que faz da verdade seu lema é cuidadoso na escolha das palavras, procura ser preciso, sem eufemismos ou exageros. Nunca afirma nada sem ter certeza, seu discurso emana sinceridade, como se cunhado em ouro puro. Se receber um elogio de alguém assim, você o acatará como "líquido e certo", sem precisar recorrer a cálculos mentais para dar o devido desconto. A promessa dessa pessoa é dívida, pois trata-se de alguém de palavra e mesmo que tenha de se esforçar não deixará de cumpri-la.

Sua honestidade não é política. Quem é honesto apenas por ser "a melhor prática" não é verdadeiro, mas apenas diplomático. Em geral, esse tipo de pessoa esqueceria sua suposta lealdade diante da verdade e trabalharia horas extras para o diabo caso lhe fosse vantajoso.

A verdade significa "aquilo em que acreditamos". É viver pura e simplesmente de acordo com nossas crenças, manifestando fé em uma série de ações. A verdade é sempre sólida, corajosa, viril ao mesmo tempo que gentil, calma e tranquila. Existe uma diferença primordial entre o erro e a mentira. A pessoa pode errar e ainda viver corajosamente de acordo com o erro; já a que mente conhece a verdade, mas a nega. Uma é fiel ao que acredita, a outra, traidora do que conhece.

Que é a Verdade? Essa pergunta grandiosa feita por Pôncio Pilatos a Cristo há dois mil anos ecoa sem resposta pelos séculos afora. Temos revelações constantes de parte dessa resposta, lampejos de novas explicações, mas nunca uma derradeira e completa definição. Se vivêssemos de acordo com a verdade que conhecemos, sempre buscando aprender mais, estaríamos espiritualmente receptivos para conhecê-la em toda a sua plenitude. A verdade é o sol ou a moralidade; podemos caminhar sob sua luz, sentir seu calor e sua presença, mesmo enxergando uma pequena parte de sua totalidade e recebendo apenas uma fração microscópica de seus raios.

Das grandes religiões existentes, qual representa a real, definitiva e absoluta verdade? Devemos fazer nossas escolhas e viver da melhor forma possível. Toda seita ou culto novo chama a atenção e ganha adeptos por conter pelo menos um grão de verdade. É ele que atrai a atenção e conquista adeptos. Esse grão de mostarda é quase sempre superestimado, escurece os olhos humanos das fases e partes inverídicas das várias crenças religiosas. As devidas proporções da verdade básica, contidas nas religiões, tornam-se perenes, crescentes, satisfazem e inspiram o coração dos homens. O erro é como uma gota d'água; tem duração rápida, exaure sua vitalidade e morre, enquanto a verdade sobrevive.

Quem faz da riqueza seu maior objetivo, encarando-a como fim e não como meio, não é verdadeiro. Por que o mundo enxerga a riqueza como critério de sucesso e sinônimo de realização?

O verdadeiro sucesso significa a conquista de si mesmo; significa crescimento pessoal, não crescimento da própria riqueza material. A grande questão da vida não é "Que tenho eu?", mas sim "Que sou eu?".

O homem é fiel aos seus maiores desejos. Quem mente para economizar um centavo apenas proclama a valorização do dinheiro acima da própria honra. Quem sacrifica seus ideais, sua verdade e seu caráter por dinheiro ou posição está colocando sua consciência em um prato da balança e uma sacola de ouro no outro. Sua lealdade penderá para o lado que acredita ser o mais pesado, o que mais se deseja, isto é, o dinheiro. Essa não é a verdade, mas a lealdade do coração a um direito abstrato manifestada em instâncias concretas.

O comerciante que mente, rouba, engana cobra a mais e depois tenta conciliar-se com sua fraca consciência dizendo "a mentira é absolutamente necessária nos negócios" é tão falso em sua afirmação quanto em suas ações. Justifica-se como o ladrão que alega precisar roubar para viver. Em última instância, a prosperidade perene do indivíduo, da cidade ou da nação baseia-se unicamente na integridade dos negócios, apesar do que podem dizer os críticos, ou todas as exceções propostas pelos que se deixaram enganar pelo sucesso temporário. Só a verdade é duradoura.

O político que vacila, procura ganhar tempo, muda de ideia alterando constantemente a direção de suas velas para capturar uma brisa de popularidade é um embusteiro que terá sucesso apenas enquanto não for descoberto. A mentira dura pouco, a verdade é eterna. A mentira não se sustenta, apenas continua a sobreviver porque simula a verdade. Morre quando é desmascarada.

Se um dos quatro jornais de uma cidade qualquer proclamar que sua circulação é maior do que a dos outros três juntos, algo está errado. A mentira sempre gera conflitos, discrepâncias e impossibilidades. Se todas as verdades da vida e da experiência de um segundo ou uma fração da eternidade fossem reunidas, haveria harmonia, concordância e união perfeita. Por outro lado, duas mentiras juntas gerariam disputas e a vontade de destruir uma à outra.

A verdade deve ser nosso guia constante e fonte de inspiração nas minúcias do cotidiano. Não se trata de roupa de gala, reservada apenas para ocasiões especiais, mas da roupa que vestimos no dia a dia, feita de tecido caseiro, resistente e durável.

A pessoa que se esquece de suas promessas é falsa. É difícil não nos lembrarmos do que prometemos quando somos os beneficiados, pois o encaramos como cheques a ser descontados assim que possível. "O avarento nunca se esquece de onde escondeu seu tesouro", diz um antigo filósofo. Cultivemos essa distinção honrosa, valiosa a ponto de elevar nossa palavra a um nível tão supremo, tão sagrado que esquecê-la pareceria crime, impossível de ser negado.

Quem diz coisas agradáveis e faz promessas que para si são leves como o ar, mas constituem para quem as ouve a base sobre a qual constrói sua esperança de vida, é um mentiroso implacável. Quem desrespeita seus compromissos sem pensar duas vezes antes de descumpri-los ou ignorá-los é ladrão imprudente do tempo alheio, alguém cujos atos são de evidente egoísmo, descuido e desleixo moral. É um desonesto pela simples justiça da vida.

Pessoas que se preocupam com ninharias enganam os outros com facilidade e prosa perspicaz, possivelmente verdadeira no sentido literal, mas não no espiritual, que têm o único propósito de criar falsa impressão, são falsas da maneira mais covarde imaginável.

Gente assim trapaceia até quando está sozinha. Assim como ladrões, essas pessoas se perdoam e se congratulam pela esperteza de criarem álibis perfeitos.

São falsos os pais que, para economizar centavos, pregam a honra ao filho e mentem a idade dele ao cobrador do ônibus.

Aqueles que ignoram sua religião durante a semana inteira, lembrando-se dela apenas no domingo, ou que querem ganhar salário maior sem trabalhar duro, ou que precisam de cantigas de ninar para confortar a consciência antes de dormir, não são pessoas verdadeiras.

A verdade é a linha reta dos princípios morais, a distância mais curta entre um fato e sua manifestação. Seus fundamentos devem ser ensinados desde a infância, época na qual os pais devem incutir na mente em formação o caminho da verdade, o lema constante da mente e da vida de seus filhos. Os pais erram fragorosamente quando consideram a mentira um desvio moral; nem sempre é doença, mas sintoma.

Por trás de toda mentira existe uma razão, uma causa que deve ser removida. Crianças podem mentir por medo, ou para tentar encobrir um erro e evitar o castigo. Talvez a mentira seja apenas a comprovação de mentes hiperativas; pode revelar malícia ou obstinação ou aumentar o apetite pelo elogio, chamará a atenção dos mais velhos e encantará os outros com histórias mirabolantes. Quem sabe seja apenas jeito imprudente de falar, ou descuido na escolha das palavras, ou ganância que coloca a mentira a serviço do roubo. Contudo, se na vida da criança ou do adulto o sintoma se revelar como doença e logo for tratado, a verdade se restabelecerá e a saúde moral será restaurada.

Dizer sempre aos filhos que não devem mentir é valorizar a mentira e dar-lhe vida. O método eficaz é estimular o lado positivo das virtudes morais, incentivá-los a ser honestos, fiéis, leais, e a não terem medo da verdade. Mostrar-lhes como é nobre a coragem de dizer a verdade, de viver segundo o que considera certo, de agarrar-se aos princípios da honra nas pequenas coisas. Dessa forma, eles nunca precisarão ter medo de enfrentar nenhuma crise na vida.

Os pais devem viver de acordo com a verdade, caso contrário os filhos seguirão seu exemplo. Os filhos os surpreendem pela facilidade com que lhes furam a bolha de seu suposto conhecimento, acertam na veia os sofismas sem percebê-lo, enumeram incansáveis promessas não cumpridas, detectam discursos no mais das vezes mentirosos tal qual juízes de corte marcial. Os pais justificarão seus lapsos em relação à verdade apelando para mentiras brancas proferidas para impressionar as visitas sem perceber que foram ouvidos pelos filhos, cujos poderes mentais são sempre subestimados, embora elogiados demais com palavras.

Ensine à criança de mil maneiras, direta ou indiretamente, o poder da verdade, a beleza da verdade, a doçura e o descanso de estar em companhia da verdade. E se isso for a pedra fundamental do caráter da criança, um fato e não uma teoria, seu futuro estará tão garantido quanto for possível confiar nas previsões humanas.

O poder da Verdade em seu sentido mais elevado, mais puro e mais exaltado se apoia sobre quatro sustentáculos básicos das relações humanas: o amor à verdade, a busca da verdade, a fé na verdade e a luta pela verdade.

O amor à verdade é a fome civilizada em si mesma e por si mesma, sem se importar nem um pouco quanto possa custar, que sacrifícios possa acarretar, que teorias ou crenças de toda uma vida possa contrariar. Em seu aspecto supremo, tal conduta é rara, mas, a menos que a pessoa *comece* a entrar em harmonia com esse conceito, ela vai apenas rastejar pelo caminho da verdade em vez de segui-lo bravamente. Por amor à verdade o indivíduo rejeita coisas ruins, independentemente do ganho, mesmo que o mundo todo as aprove. Essa pessoa não sacrificaria os próprios padrões elevados pelo benefício que receberia, não desviaria por vontade própria um milímetro do caminho que traçou para si e agiria conforme seu verdadeiro norte, da forma como o conhece, nem que fosse pela mais singela variação possível. Ela própria estaria consciente do desvio e isso já seria suficiente. De que vale a aceitação do mundo inteiro se a gente mesmo não se aprova?

Aquele que segue determinada crença e nega-se a discuti-la por temer que se lhe comprove o equívoco não é leal a sua religiosidade, mas dono de fidelidade covarde a um compromisso. Se fosse amante da verdade, estaria disposto a desistir a qualquer momento de sua crença em prol da fé suprema e verdadeira.

O homem que vota no mesmo partido ano após ano, sem se preocupar com propostas, candidatos, problemas, de certa forma vota porque está acostumado a votar assim; está sacrificando sua lealdade à verdade por um vínculo frágil, pelo apego teimoso a um precedente desgastado. Esse homem deve permanecer no berço pelo resto da vida, porque nele passou seus primeiros anos.

A busca da Verdade significa que o indivíduo não deve apenas ater-se a ela conforme a enxerga, mas sim esforçar-se ao máximo para provar que está certo. Quando o navio de guerra americano *USS Kearsarge* naufragou no atol de corais de Roncador Reef, o capitão seguia uma carta náutica desatualizada que não registrava a presença de recifes submersos. Fidelidade a padrões atrasados significa estagnação. Hoje a China lavra a terra usando um arado de quatro mil anos. A busca da verdade sob o espírito do progresso – na civilização e nos costumes morais. O que nos deixa ousados e agressivos na vida nos ensina a ser gentis e solidários. A vida dos outros representa uma estação que precisamos alcançar ou que já passamos durante a nossa jornada. Podemos então congratular-nos sem condená-los. Nenhuma verdade concentra-se em nosso credo. A luz do sol não reflete unicamente na nossa porta. Devemos dizer a verdade, mas apenas com amor e bondade. A verdade há de sempre estender a mão do amor, nunca a mão que empunha a clava.

A fé na verdade é essencial para a amizade perfeita com a verdade. O indivíduo precisa ter plena confiança e segurança do triunfo final do direito, da ordem e da justiça e acreditar que tudo evolui rumo à consumação divina, independentemente de quanto a vida, dia após dia, pareça melancólica e sombria. A felicidade duradora não pode existir sem êxito e sem ter como fundamento a rocha da verdade. A prosperidade baseada na mentira, no engano e na intriga é apenas temporária; da mesma forma que o cogumelo não sobrevive ao carvalho, ela não deve durar. Assim como um Sansão cego que luta pela verdade em seu templo, o indivíduo que baseia sua vida no logro acaba sempre abalando as colunas de sustentação de seu edifício e termina por fenecer sob as ruínas. Por mais alto que seja o preço pago pela verdade, ainda será uma barganha. A mentira dos outros não nos ofende por muito tempo, pois vem sempre acompanhada do nosso indulto. Durante o Cerco de Sebastopol, as bombas russas que ameaçavam destruir o forte abriram uma fonte de água escondida em uma encosta e terminaram salvando os sitiados sedentos que pretendiam matar.

Empenhar-se no interesse e em prol do progresso da Verdade é uma parte necessária da verdadeira amizade. Se o homem tem amor à verdade, se a procura até encontrá-la, tem fé nesse propósito mesmo que não consiga alcançá-lo, por que não se esforçaria por disseminá-lo? A maneira mais eficaz de intensificar o poder da verdade é incorporá-la à própria vida, ao pensamento, palavras e atos; irradiar sua crença como se fosse um sol e permitir que sua influência silenciosa seja eloquente, que suas ações corretas a glorifiquem tanto quanto possível no âmbito da vida e das ações. O indivíduo deve procurar *ser*, antes de ensinar ou agir, em benefício de sua evolução moral.

Deixemos que o homem compreenda que a Verdade é sua virtude *intrínseca*, mesmo que ele seja o único ser humano na Terra, e que será *extrínseca* conforme ele irradiá-la em seu cotidiano. Em primeiro lugar, a verdade é a honestidade intelectual, o desejo de conhecer o que é certo; em segundo lugar, é a honestidade moral, a vontade de viver de acordo com o que é certo.

A verdade não é mera ausência de vícios, o que poderia ser chamado apenas de vácuo moral, mas é o oxigênio vívido e latente das virtudes humanas. Apenas abster-se de praticar más ações nada mais é que tirar as ervas daninhas do jardim da vida. Contudo, deve-se continuar o cultivo das sementes da lisura para garantir o florescimento da verdade.

Aos pontos negativos dos Dez Mandamentos devem-se adicionar os aspectos positivos das bem-aventuranças. Uns condenam, outros elogiam; uns proíbem, outros inspiram; uns enfatizam a ação, outros o espírito por trás da ação. A verdade inteira não reside apenas em um dos casos, mas em ambos.

Não se pode ser devoto de Deus sem acreditar no triunfo final e inevitável da Verdade. Se ela estiver a seu lado, você conseguirá desbravar ileso o vale escuro da calúnia, da deturpação e do abuso como se estivesse protegido por um escudo milagroso que nem mesmo uma flecha pontiaguda poderia atravessar. Você manterá a cabeça erguida, confiante e destemido. Fitará qualquer um nos olhos, com calma inabalável, assim como um rei que à frente de suas tropas retorna vitorioso ostentando bandeiras tremulantes e lanças reluzentes ao som de clarins. Aquele que se orgulha e é grato por sua saúde física percebe uma onda crescente de saúde moral a envolvê-lo, da mesma forma como sente nas veias o fluxo rápido do sangue. Saberá então que tudo dará certo por fim, *há* que dar; o erro desaparecerá quando iluminado pela forte luz branca da verdade, assim como a escuridão esgueira sua insignificância com a presença dos raios de sol. Então, tendo a Verdade como guia, companheira, aliada e fonte de inspiração, você ficará entorpecido ao tomar consciência da sua intimidade com o Infinito, e todas as insignificantes provações, tristezas e sofrimentos da vida se esvairão como se fossem visões inofensivas e temporárias de um sonho.

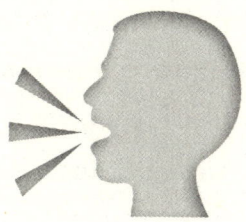

Coragem para enfrentar a ingratidão

A ingratidão, o maior pecado da humanidade, é o esquecimento do coração. É a revelação do vazio da pretensa lealdade. Quem comete esse pecado descobre o atalho mais curto para todos os outros vícios.

A ingratidão é crime mais desprezível que a vingança, pois esta é retribuição do mal com o mal, e ingratidão é retribuição do bem com o mal. O ingrato raramente perdoa receber o bem como paga. Seu coração microscópico melindra-se com a humilhação de ser ajudado por um superior, e esse sentimento desagradável, filtrando-se em meio a sua natureza mesquinha, sempre gera ódio e traição.

A gratidão é o agradecimento demonstrado em atos, a irradiação instrutiva da justiça que revigora a vida e as energias daquele que as emana. É o reconhecimento pelo cerne da bondade que extrapola o significado de qualquer palavra. A gratidão nunca contabiliza retribuições, pois entende que uma dívida de generosidade não pode ser compensada, jamais poderá ser cancelada ou quitada por completo.

A gratidão percebe a insignificância de seus pagamentos; já a ingratidão sente a nulidade da dívida. A gratidão é o florescimento de uma semente de bondade; por sua vez, a ingratidão é a inatividade mórbida de uma semente caída sobre rocha infértil.

É humano esperar por gratidão; elevar-se acima da ingratidão é quase divino. É natural o desejo de sermos reconhecidos pela bondade, a ânsia de recebermos elogios, a simples justiça de acolher o bem com o bem. Mas não alcançaremos a dignidade de vivenciar a verdade enquanto não tivermos coragem e ousadia de enfrentar a ingratidão com calma, seguindo nosso caminho natural sem desvios, mesmo que nossos atos benignos sejam retribuídos com ingratidão ou desdém.

O homem deveria ter um tribunal apenas para julgar seus atos, não para responder à pergunta "qual será o resultado?", ou "como será recebido?", mas sim à pergunta "está certo?". Dessa forma ele viveria harmoniosamente nesse único padrão com serenidade, bravura, lealdade e infalibilidade, fazendo o que é certo como um fim em si mesmo, como ideal, como inspiração.

Ele não é máquina engenhosamente programada para fornecer certa quantidade de luz mediante a inserção de moedas. Há de ser como um sol independente que irradia luz, calor, vida e energia apenas porque não sabe agir de outra forma. Porque estas qualidades preenchem o coração do astro-rei. Porque para tê-las ele as doa constantemente. Que os raios luminosos da nossa compaixão, carinho, amor, bondade e autoridade moral sempre resplandeçam e animem o próximo. Não os desperdicemos em constantes buscas de recibos e comprovantes a ser guardados em nosso arquivo de autoaprovação.

Duro é ver aqueles que se sentaram à nossa mesa em tempos de prosperidade fugir de nós como da peste quando o infortúnio nos bate à porta; é ver a lealdade na qual teríamos apostado a vida, que parecia sólida como rocha, trincar e estilhaçar qual um fino cristal quando posto à prova pela primeira vez; saber que o calor da amizade que nos aquecia as mãos em momentos de necessidade esfriou e virou cinzas do que agora nada mais é que assustadora lembrança.

Saber que aquele que um dia morou no santuário de nossa afeição, em franca confiança na qual a interlocução parecia uma forma de solilóquio a dois, não teve escrúpulos em escancarar nossas aspirações e objetivos, envenenar as águas da nossa reputação e nos prejudicar com mentiras e traições – é duro, muito duro. Porém, por mais que a ingratidão nos magoe, que possamos engolir o soluço, conter a lágrima, sorrir serenos e corajosos e... tentar esquecer.

Seríamos injustos conosco se permitíssemos que a ingratidão de alguns nos levasse a condenar o mundo todo. Estaríamos dando crédito demais a alguns insetos humanos ao deixar que o mal que nos causam paralise nossa fé na humanidade. Não é verdade o que dizem os descrentes: "*Todos* os homens são ingratos", mentira esta que acompanha "*Todos* têm seu preço". Confiemos na humanidade para usufruir de sua bondade. Pessimista é quem acha que todas as pessoas são perversas, pois confunde introspecção com observação, olha o próprio coração e pensa que enxerga o mundo – um estrábico que não enxerga o que parece olhar.

Confiança e crédito são os pilares dos negócios e da sociedade. Retire-os e as empresas do mundo inteiro pararão num instante, irão à falência e mergulharão no caos. Quem não confia na humanidade acaba por transformar-se em egoísta, como se fosse a única boa pessoa que restou na face da Terra, que trabalha incansavelmente para nutrir seu rancor mesquinho contra todos por causa da ingratidão de alguns.

Se um homem recebe uma nota falsa, nem por isso deve perder a fé no sistema monetário – pelo menos nunca se ouviu contar nada semelhante. Se o tempo fica ruim por três ou quatro dias, não se diz que o sol nunca mais vai aparecer, que certamente já não haverá dias bonitos.

Ninguém deixa de fazer uma refeição por lembrar-se de um alimento que não lhe caiu bem. Quem pega do chão uma maçã com um buraquinho suspeito não condena a macieira inteira, julga essa fruta específica. No entanto, quem ajudou o outro e não recebeu a devida gratidão declara em sã consciência, meneando a cabeça com a sabedoria de Salomão: "Esta foi a minha experiência e aprendi a lição. Foi a última vez que confiei em alguém. Fiz isto e aquilo para tal pessoa e veja o resultado!".

Em seguida, abre uma longa lista de favores, discriminados com critério e com todos os números pertinentes, tal qual a folha de pagamento de uma grande repartição pública. Reclama da injustiça de uma pessoa sabendo que agindo assim será injusto com o mundo inteiro, pois acha que todos têm de pagar pelo erro de um único indivíduo. Já existe muito sofrimento vicário neste nosso mundo sem esta tentativa liliputiana de aumentá-lo disseminando a ingratidão de uma pessoa. Se alguém se embriaga, não é justo mandar todos para a cadeia.

O agricultor tem certeza de que nem toda semente sob terra fértil será colhida porque foi plantada com fé e esperança, mas ele conta com o resultado do plantio de várias sementes como um todo e não de apenas uma. Se você espera gratidão e acha que merece recebê-la, torne várias pessoas suas devedoras.

Quanto mais altruístas, caridosas e elevadas forem a vida e a missão de alguém, maior será o número de atitudes ingratas que ele deverá encarar e superar. Os trinta anos de vida de Cristo foram uma sequência trágica de exemplos de ingratidão. Esta se manifesta no mundo em três fases, segundo o nível de intensidade, e Cristo a conheceu na forma de inúmeras circunstâncias amargas.

A primeira fase, a mais simples e comum, é a indiferença impensada, conforme demonstrada na Bíblia: dez leprosos foram curados em um dia, nove partiram sem dizer uma única palavra, *um* só agradeceu.

A segunda fase é a negação, um pecado positivo que não se restringe à mera recusa de agradecer. Pedro, cujo desejo egoísta de parecer bem com duas servas e alguns espectadores, teve a oportunidade de ser leal a Cristo, mas esqueceu a amizade e a dívida com seu Mestre e o renegou, não só uma, nem duas, mas três vezes.

A terceira é a traição, quando o egoísmo se transforma em vingança, como o demonstrou Judas, o honrado tesoureiro do pequeno grupo de treze; por ciúme, ingratidão e trinta moedas de prata ele possibilitou a tragédia do Calvário.

Falta de reconhecimento, negação e traição compõem a gama da ingratidão. A primeira leva à segunda, que prepara o caminho para a terceira.

Devemos sempre superar a dependência da gratidão humana, caso contrário não conseguiremos fazer nada de grandioso, nada de nobre. A expectativa da gratidão torna imperfeito o que de outro modo seria virtuoso, o que acaba por reduzir a apreciação até de nossas melhores ações. A maioria das pessoas considera a gratidão como um filtro protetor das virtudes. Quem não pratica o bem pela possível ingratidão alheia está servindo a Deus como um assalariado, um soldado contratado e não um voluntário. Ele deveria ser honesto o suficiente e reconhecer que trabalha por salário, tanto quanto a criança que será bem-comportada se ganhar um agrado. Na verdade, pessoas assim encaram a bondade e outras manifestações de benevolência como uma espécie de atitude moral, que é resgatada apenas quando rende dividendos.

Em uma vida assim, existe sempre um toque de exibicionismo do ator que espera ser aclamado. Que a consciência de fazer o bem e viver segundo elevados ideais seja nosso estímulo e nossa recompensa, ou a vida será para nós uma série de erros, tristezas e decepções.

Muitas das supostas ingratidões na vida surgem por engrandecermos nossos atos, ou minimizarmos os dos outros. Às vezes subestimamos algo que fizemos por achá-lo trivial, puramente acidental. No entanto, o tecido maravilhoso produzido pelo tear do tempo vestiu os grandes e inesperados resultados destinados àqueles que foram nossos favorecidos. Muitas vezes, nos consideramos merecedores de gratidão apesar de não termos sido de forma alguma a inspiração para o sucesso por nós avaliado com tanto orgulho. Apresentamos um amigo a um conhecido que avistamos na rua e por uma infinidade de circunstâncias nosso amigo fica milionário. Mereceríamos um agradecimento, talvez nem isso, pois o encontro pode ter sido inevitável, mas erramos ao esperar que esse amigo nos seja humildemente grato pelos milhões que acabou ganhando.

A essência da verdadeira generosidade reside na graça em como é exercida. Algumas pessoas parecem desconsiderar qualquer tipo de gratidão, tornando-a quase impossível pela maneira como nos prestam favores, fazendo-nos sentir pequenos, cruéis e inferiores; coramos de indignação ao aceitar a bênção que emana de suas mãos e nos é concedida como um osso jogado a um cachorro. Seria bem melhor se essa pessoa nos respondesse com graça e simpatia, com um sorriso que nos sinalizasse não haver necessidade de explicações da nossa parte, com o prazer de quem teve a oportunidade de ajudar um amigo. Quem faz o outro sentir-se como um inseto que se contorce em uma chapa quente ao receber um favor não tem o direito de esperar gratidão futura – que se dê por satisfeito se for perdoado.

Esqueçamos nossas boas ações diminuindo-as ao compará-las ao bem maior que estamos fazendo e aos mais grandiosos que esperamos fazer. Essa é a verdadeira generosidade que despertará gratidão na alma da pessoa que foi ajudada, a menos que ela impossibilite esse sentimento por estar petrificada pelo egoísmo. Contudo, remeter-se constantemente ao favor prestado quase anula a dívida. O cuidado de contabilizar favores deve ser privilégio de quem os recebe; ao relembrá-los usurpamos a prerrogativa do favorecido. Não é porque tivemos a sorte de ajudar alguém que devemos hipotecar sua imortalidade e esperar montanhas de adulações toda vez que esse alguém estiver na nossa presença.

Aquilo que às vezes parece ingratidão pode ser simplesmente desconhecimento nosso das sutilezas da natureza humana. Quando o coração transborda gratidão, deixando a pessoa incapaz de verbalizá-la, pois diante da intensidade do reconhecimento as palavras são insignificantes, mesquinhas e inadequadas, a eloquência do silêncio pode ser mal interpretada. De vez em quando, a consciência da própria incapacidade de retribuir delineia um estranho orgulho. Talvez seja gratidão genuína, mas é insensato não expressá-la e optar pelo silêncio até que surja o momento oportuno de demonstrá-la. Existem inúmeros exemplos em que a verdadeira gratidão tem toda a aparência de ingratidão desprezível, como certas plantas, criadas pela Natureza que se parecem com hera venenosa.

A ingratidão chega a ser um protesto daquele que quer demonstrar que já não lhe somos necessários; muitas vezes é a rebelião para cessar de receber nossos favores. É raro pessoas serem ingratas sem antes exaurirem suas possibilidades do contrário. Demonstrações excessivas de gratidão não cancelam uma dívida da mesma forma que uma nota promissória não liquida um débito. É apenas o começo e não o fim. Geralmente a gratidão esbanjada com palavras é econômica em todas as outras formas de expressão.

Jamais uma boa ação se extingue. A ciência prova que nenhum átomo pode ser destruído e que a força, uma vez acionada, nunca termina, mas passa por múltiplas fases de mudanças constantes. Toda boa ação que beneficia outrem é uma energia enorme que inicia uma pulsação infinita no tempo e alcança a eternidade. Talvez o importante não seja como esperamos ou como vamos receber gratidão, mas em algum momento, independentemente da forma ou lugar, nós a receberemos de volta, assim como a pomba que Noé enviou da arca retornou trazendo no bico a folha verde da revelação.

Consideremos a gratidão em seu sentido mais amplo e belo, a saber, se recebermos qualquer gentileza seremos devedores não apenas de um indivíduo, mas do mundo inteiro. Assim como temos uma dívida diária de gratidão para com milhares de pessoas pelas pequenas alegrias, consolos e bênçãos da vida, sejamos conscientes de que só conseguiremos começar a quitar o débito com uma pessoa por meio de atos de gentileza e bondade dedicados a todas as pessoas. Que a atmosfera de nossa existência esteja repleta de gratidão. Que a expressemos por meio de gestos, não de meros pensamentos. Que possamos enxergar a horrível covardia e injustiça da ingratidão, não para julgá-la com severidade nos outros, não para condená-la, mas para bani-la de vez e irradiar a doçura da gratidão em cada minuto de nossa vida.

Pessoas que vivem em castelos de vento

Viver em castelo de vento é quase tão rentável quanto possuir metade do arco-íris. Não é mais nutritivo que um jantar de doze pratos – comidos em sonhos. Castelos de vento são construídos com momentos dourados e seu único valor está na matéria-prima que por fim se torna desvalorizada.

O ambiente dos castelos de vento é pesado e carregado com o perfume do incenso das vagas esperanças e ideais ilusórios. Seus habitantes se entregam à inatividade sonhadora, embalados pela melodia de seus futuros atos grandiosos, influenciados pela fortuna que terão num dia ensolarado e cor-de-rosa – ninguém sabe quando, como ou onde. O equívoco arquitetônico dessa edificação é ter sido construída *de cima para baixo*, das torres douradas que tocam as nuvens à terra, e não sobre sólidos alicerces de propósito e energia.

A ambição, aliada à energia incansável, é boa e grandiosa, mas sozinha não vale muito. O homem não pode elevar-se a grandes alturas pelo que gostaria de realizar, mas apenas por seu esforço de realização. Para ter valor, a ambição deve ser demonstrada em cuidado, determinação e energia consagrada a um ideal. Se for assim reforçada e combinada, o castelo de vento desmoronará no vácuo, e o indivíduo terá sua morada apoiada sobre rocha sólida da qual se erguerá, dia após dia, pedra sobre pedra, uma imponente estrutura vital por toda a eternidade. O castelo de vento representa assim o trabalho de um arquiteto sem a ajuda de um construtor, ou seja, planos jamais postos em execução. Há quem diga que o homem é arquiteto da própria sorte. Mas se assim fosse, ele seria o mero arquiteto do castelo de vento que é a sua vida. É preciso que ele seja aquele que planeja e constrói.

Viver com a cabeça no futuro é habitar um castelo de vento. O amanhã é a sepultura dos sonhos do idealista, a obra não construída que acabará soterrada. Quem diz que terá vida melhor no futuro, promete coisas vindouras, mas não faz nada no presente para alcançar sua meta, mora em castelo de vento. Do alto de sua arrogância acha que conseguirá fazer milagres, tentará transformar água em vinho, colher sem respeitar o tempo de cultivo, terminar sem ter começado.

Se quisermos ser dignos de uma vida nobre e magnífica, livre e sólida, devemos trocar o castelo de sonhos pelas fortalezas construídas. Temos o direito de vivenciar o brilho e a inspiração de um objetivo, imaginar a alegria de alcançá-lo, da mesma forma que o viajante cansado que sonha com a alegria de chegar a sua casa apressa os passos, ameniza as distâncias exaustivas que até lhe parecem mais curtas. O trabalhador nunca deve se preocupar com o futuro ou menosprezá-lo, a não ser pela inspiração de determinar seu caminho. Os fuzileiros navais estudam as estrelas a fim de traçar seus rumos e preparar o futuro vivendo um dia depois do outro da melhor e mais verdadeira forma possível.

Esgotemos todas as possibilidades de viver nossos dias em toda a sua plenitude. Temos apenas um dia na vida... *hoje*. Já *vivemos* ontem, o *amanhã* é uma probabilidade, por isso *temos* apenas a garantia do hoje.

O segredo de viver de verdade, mental, física, moral, material e espiritualmente, pode ser traduzido numa única frase: *Faça jus ao que lhe cabe*. É esta a fórmula mágica que transforma castelos de vento em fortalezas.

Às vezes, as pessoas são complacentes e generosas ao imaginar o que fariam caso ganhassem uma fortuna.

– Se eu fosse milionário, subsidiaria os mais capacitados, fundaria uma faculdade, construiria um grande hospital, casas populares e mostraria ao mundo o verdadeiro significado da caridade.

A frase é música para os ouvidos que a escutam. Ah, é tudo tão fácil, muito fácil essa benevolência com o dinheiro dos outros! De acordo com as estatísticas, poucos esbanjam riquezas, mas todos temos pelo menos um pouco de tempo. Estamos fazendo nossa parte? Será que somos magnânimos com o que possuímos?

A pessoa avarenta com pouco dinheiro não criará asas de anjo da generosidade quando tiver milhões. Se esse espírito generoso for real, e não apenas ostentação, haverá sempre uma oportunidade de manifestá-lo. A irradiação dessa bondade não precisa de jeito nenhum ser com dinheiro; pode ser um sorriso atencioso, um gesto de simpatia, uma palavra amiga para os aflitos em dificuldades ou uma simples e instintiva mão estendida a quem necessita.

Ninguém é tão pobre que não possa evidenciar seu espírito benevolente a um semelhante. Podemos nos apropriar desse aspecto maravilhoso da caridade divina, lembrando que o motivo de uma ação pode ser mal interpretado, pois existe a possibilidade de o pecado, a tristeza e o sofrimento distorcerem e disfarçarem o bem, levando-nos a proferir uma palavra gentil de tolerância, um reles elogio cínico fingindo empatia. Se não somos ricos o suficiente para oferecer "apenas" dinheiro, que sejamos afortunados para doar "apenas" palavras. Deixemos de lado nossos castelos de vento de vaga subserviência nos quais gastamos uma fortuna que nunca foi nem será nossa, e elevemos a nós mesmos à dignidade de uma vida dentro de nossas posses, por menores que sejam. Que possamos encher o mundo ao redor com amor, luz, doçura, mansidão, gentileza, ajuda, coragem e solidariedade como se fossem estas as únicas moedas correntes e não como se tivéssemos a fortuna do conde de Monte Cristo à nossa disposição. Cessemos de dizer "se eu fosse", digamos "eu sou". Melhor deixar de viver no modo subjuntivo e passar para o indicativo.

A maior desculpa da humanidade, quando cobrada por seus deveres, é "falta de tempo". A queixa constante seria patética não fosse o fato de a maioria das pessoas mais desperdiçar seus minutos do que utilizá-los. O tempo é nosso único bem valioso de fato; sem ele perdemos poder. Mesmo assim arruinamos esse tesouro como se não valesse nada. Toda a fortuna do mundo não compra um segundo a mais de tempo para gastarmos com imprudência. Ainda assim, existem assassinos que ousam dizer em público que estão "matando o tempo". Essa falácia coloca mais gente em castelos de vento do que todas as outras causas somadas. A vida é uma só, a eternidade é apenas mais tempo e a imortalidade é a impossibilidade de viver para sempre.

"Se eu tivesse biblioteca, eu leria"; eis a frase hipócrita do proprietário de um castelo de vento. Se ele não lê os dois ou três bons livros que possui, ou aqueles a que teria acesso, não leria nem se tivesse todos os volumes do mundo empilhados sobre sua mesa de cabeceira, nem se um serviço de entrega lhe trouxesse encomendas diárias que enchessem sua prateleira. O tempo sacrificado na leitura de jornais sensacionalistas poderia ser dedicado a um bom livro caso o indivíduo quisesse aproveitar a oportunidade.

Quem espera uma crise para demonstrar sua coragem sem usar o mínimo dessa bravura para enfrentar provações menores, tristezas e decepções diárias é outro que vive em um desses castelos. É como um simples pardal que admira os altos penhascos e inveja a intrépida águia que ali constrói seu ninho; seu sonho é ser um pássaro grande como ela, talvez até com a ousadia paternalista de criticar-lhe os métodos, imaginando possuir a mesma autonomia de voo para depois estufar o peito exibindo medalhas que poderia ganhar voando como só ele é capaz. É o heroísmo do dia a dia que vitaliza toda a força humana no caso de emergência, proporcionando a confiança de que *precisamos* em momentos de aflição.

O castelo de vento caracteriza qualquer ilusão ou delírio que nos tira da realidade levando-nos a uma existência vaga e ociosa. Quem habita uma morada assim enxerga a vida da perspectiva errada, permite que o que tem de pior prevaleça sobre o que tem de melhor. Em vez de agir como conquistador poderoso das fraquezas humanas e insanidades que ameaçam destruir-lhe a melhor parte, acaba prendendo os próprios pulsos aos hábitos que o mantêm escravizado. Perde a coroa de seu reino porque vendeu o direito real que é seu de nascença pelo comodismo e conforto temporários e por pura ostentação, sacrificando seu melhor lado por mera riqueza, sucesso, posição e aplausos. Troca o trono da individualidade pelo castelo das ilusões.

Aquele que se cobre com o manto napoleônico do egocentrismo, ornado com abelhas em vez das tradicionais flores-de-lis, iludindo-se por se achar superior a toda a humanidade, acreditando que os monóculos do universo estão focados nele como num ator solitário no palco, deveria acordar e sair dessa ilusão.

Aquele que como Narciso se apaixona pelo espelho e acha que tem o monopólio da criação do mundo, cuja vaidade sai de sua cabeça igual a fumaça da garrafa mágica dos gênios, espalhando-se até voltar e se fechar, escondendo-se do universo, também vive em castelo de vento.

A pessoa que acredita que a humanidade conspira contra ela, que sua vida é a mais difícil de todas, que as preocupações, tristezas e provações normais a todos escondem o sol glorioso de sua felicidade e acabam impedindo-a de enxergar os próprios privilégios e bençãos, vive em castelo de vento.

A mulher para quem a criatura mais bela do mundo está refletida em seu espelho, preferindo renegar sua herança régia de vida em favor do engano, ciúme, devaneio, leviandade, frivolidade e falsa aparência diante da sociedade vive também em castelo de vento.

O homem que endeusa a riqueza em vez de considerá-la sua serva, que está determinado a ficar rico a qualquer custo, disposto a sacrificar a honestidade, honra, lealdade, caráter, família, todos os valores que deveria beneficiar por uma simples pilha de dinheiro, apesar de seus mantos alvos e macios, não passa de um rico indigente em pleno devaneio.

A pessoa ultraconservadora, vítima de falso conteúdo, sem planos nem ideais, sem aspirações fora da rotina monótona das suas obrigações diárias nas quais ela vagueia como peixe de aquário, é muitas vezes vaidosa o suficiente para vangloriar-se de sua falta de progresso com as frases ordinárias e sem sentido daqueles que ela permite pensarem por ela. Não percebe que o compromisso com os deveres, em sentido superior, significa a busca constante do cumprimento de obrigações elevadas, dando o máximo de si na medida de suas possibilidades, sem se arrastar com resignação para fazer o mínimo. Máquinas são assim, mas pessoas de verdade anseiam por mais. Quem não age dessa forma vive em castelo de vento. Com indiferença paternalista, despreza o diligente imbuído de propósitos sérios cuja meta é mais elevada e tem disposição para pagar o preço justo para cumpri-los, feliz em trabalhar dia após dia incansavelmente, enfrentando tempestades e tensões, sob sol ou à sombra, com a confiança sublime de que a natureza está guardando cada manifestação de esforço e que em tempos difíceis, quando o progresso for ínfimo, terá certeza de que os resultados esperados virão se tiver coragem de lutar bravamente até o fim. Este não vive de ilusões; luta contra o destino pela posse do que lhe pertence por direito, reforçando seu caráter, sabendo que talvez não seja totalmente recompensado.

Aquele que se arrepende dos erros passados, ou lamenta as oportunidades perdidas, impedindo-se assim de recriar um futuro merecido, aproveitando os dias à sua disposição, está perdendo grande parte da glória de viver. Está repudiando as iguarias presenteadas todos os dias só porque não soube aproveitá-las no passado. Não está sendo inteligente, pois tem a sabedoria de experiências anteriores e não as aproveita. Vive em castelo de vento.

O homem que passa o tempo lamentando a sorte que teve um dia, ou a fama que caiu no esquecimento, que desperdiça horas preciosas erguendo novos monumentos no cemitério de suas realizações passadas e de sua antiga grandeza, alardeando o que *foi* e implorando por desculpas do que *é*, reside em castelo de vento. Para o mundo e para o indivíduo, um único grão de renovada esperança e determinação contém a maravilhosa energia de uma nova vida, e é muito maior que mil grãos ilusórios e sem vida ou que ambições não concretizadas.

O que quer que impeça a pessoa de viver melhor, com mais autenticidade e proeminência, no presente do indicativo, mesmo que seja um obstáculo que ela mesma colocou em seu caminho rumo ao progresso e ao desenvolvimento, é para ela um castelo de vento.

Alguns residem na indolência, outros na dissipação, no orgulho, na avareza, no engano, no fanatismo, na preocupação, na intemperança, na injustiça, na intolerância, na procrastinação, na mentira, no egoísmo ou em qualquer outro aspecto moral ou mental que os afasta das verdadeiras obrigações e privilégios da vida.

Para iniciarmos nossa recriação, precisaremos descobrir o castelo no qual passamos a maior parte do tempo. A prisão nesses lugares deve ser combatida brava e incansavelmente.

Se passarmos horas, dias e semanas em um castelo de vento, veremos que a delicada teia ilusória de fios e linhas tênues que o compõe se transformará aos poucos em sólida estrutura; com o passar dos anos esses fios e linhas se fortalecerão até finalmente se tornarem correntes de aço consolidadas. Então nos assustaremos com a terrível descoberta de que o hábito de viver ali nos aprisionou e que será difícil fugir.

Saberemos, portanto, que esse castelo de vento é o que existe de mais enganoso e perigoso.

Espadas e bainhas

Os grandes Estados e nações costumam presentear seus líderes vitoriosos com espadas que simbolizam a maior honraria de suas forças armadas e de sua marinha. A espada, doada pelo povo de Filadélfia ao almirante Schley, no final da guerra entre os Estados Unidos e a Espanha, custou três mil e quinhentos dólares na época, a maior parte gasta com pedras preciosas e ornamentos da bainha. Mais ou menos meio século antes, perguntaram ao general Winfield Scott, que nomeou o almirante Schley, se ele tinha gostado da bela espada que recebera do estado da Luisiana.

– De fato é uma espada muito bonita – disse ele –, mas há um detalhe que eu preferiria que fosse diferente. A inscrição deveria estar na lâmina, não na bainha. Qualquer um pode nos tirar a bainha, nunca a espada.

O mundo gasta muito tempo, dinheiro e energia na bainha da vida, muito pouco com a espada. A bainha representa o espetáculo, vaidade e exibição; a espada o valor intrínseco. Uma é a aparência temporária, a outra a realidade eterna. O corpo e a alma. A bainha tipifica o lado material da vida, a espada a verdade, o espiritual e o ideal.

A pessoa que não ousa seguir as próprias convicções, mas vive apavorada com o que a sociedade dirá, prostrando-se diante do bezerro de ouro da opinião pública, vive no vazio do simples exibicionismo. Ela está sacrificando sua individualidade, seu direito divino de viver em harmonia com seus ideais mais elevados por causa de um medo covarde e servil à opinião alheia. Não é a voz forte do propósito individual, mas um eco tênue da voz de milhares. Não está polindo, afiando e bradando a espada da vida como se estivesse em uma verdadeira guerra, apenas ornamentando com preguiça uma bainha inútil com os hieróglifos de sua insensatez.

Perde muito quem vive além dos próprios recursos, hipoteca o futuro, dando o presente como garantia, é generoso antes de ser justo, sacrifica tudo para acompanhar a procissão que segue atrás de seus superiores. Também este está decorando a bainha e permitindo que a espada se enferruje dentro do estojo.

A vida não se limita a competir. Em seu sentido mais verdadeiro, competição é rivalidade contra si mesmo. Todos os dias devemos tentar suplantar nosso recorde do passado. Sermos cada dia mais fortes, melhores e mais verdadeiros; subjugar fraquezas anteriores; reparar nossas loucuras – ou seja, superarmo-nos sempre. Isso nada mais é do que evoluir. Para nós, a evolução pessoal, consciente, infinda e ilimitada é a única grandeza que nos diferencia dos animais. Em pouco tempo, deixaremos de nos importar com os inúteis adornos da bainha aprovados pela sociedade. Assim, será suficiente sabermos que a lâmina dos nossos propósitos está afiada para defender a justiça e a verdade, para nunca prejudicar os direitos alheios, para corrigir nossos erros e os daqueles que nos cercam.

Há quem diga que a reputação faz o homem, mas é o caráter que faz o homem. Qualquer um pode brincar com a reputação de outrem, mas é o caráter que representa quem é esse homem. Ninguém além dele mesmo pode ferir-lhe o caráter. Muitos são os que sofrem de insônia por causa da própria reputação, quando na verdade deveriam preocupar-se com o seu caráter. Ferem-no talhando filigranas profundas e enganosas na bainha de sua reputação, mas esta nada mais é que a pele que deixamos para trás quando, acompanhados do caráter, partimos para a imortalidade.

A mulher que gasta aos milhares em donativos, é insensível e impiedosa em seus julgamentos, aparentemente solidária com os pecados e fraquezas da humanidade, apropria-se da mesma onisciência ao condenar severamente os lapsos alheios. Permite que a própria língua desfaça o belo trabalho de suas mãos. Entusiasma-se tanto com a decoração da bainha da publicidade que se esquece de pensar na espada do verdadeiro amor ao próximo.

Chega a ser cômico, se não trágico, a ironia da natureza do avarento, mesquinho até quando acumula riquezas inúteis, impedindo-as de cumprir sua função básica de circular e tornando as necessidades da vida um luxo. Este seria o animal mais difícil de classificar em toda a história da natureza, justo ele, tão virtuoso. É o exemplo extraordinário de ambição, economia, frugalidade, persistência, força de vontade, abnegação, lealdade aos seus propósitos e generosidade para com os herdeiros. Deturpa qualidades nobres na maneira como as aplica; sua especialidade é a bainha da vida. Passa seus dias confeccionando um estojo de ouro puro para guardar a espada de lata de sua existência desperdiçada.

Aqueles que assumem ares da presunção e ostentação, extravagância e prodigalidade, e enriquecem de repente, estão dourando a bainha sem aprimorar a lâmina. O verniz superficial do refinamento só acentua a vulgaridade inata. Quanto mais se lustra a madeira, mais evidentes se tornam os veios. Alguns herdeiros repentinos da fortuna adquirem a sabedoria do refinamento real por meio de criterioso treinamento. Esse é o método verdadeiro de polir a própria espada em vez de enfeitar a bainha.

A moça que se casa apenas por dinheiro ou sobrenome é uma versão feminina e atual de Esaú. Ela vende seu patrimônio de amor por um prato de lentilhas, abdicando de seu direito a uma vida de amor por um título sem sentido. Sua feminilidade deveria ser para ela mais valiosa que um simples pote de ouro ou uma coroa. Ela enfeita sua bainha com penachos, adornos aristocráticos de ouro maciço e gemas preciosas por achar que somente esses apetrechos são suficientes e que não precisa do amor verdadeiro, o que transforma este mundo em paraíso apesar da presença alheia.

Não percebe que só existe casamento se existe amor; nenhuma outra justificativa é razão para se unir a alguém, e sim desculpa. A expressão "casar por dinheiro", dita a torto e a direito, é incorreta; a preposição está errada, a pessoa não se casa *por* dinheiro e sim *com* o dinheiro, e leva o cônjuge como bagagem ou hipoteca.

A pessoa que adia tudo sempre que pode, enchendo os ouvidos com a adorável canção do "amanhã", segue o método mais fácil e cômodo de reduzir as possibilidades oferecidas pela vida.

A procrastinação sufoca a ação com o atraso, aniquila a decisão de agir com a inatividade, navega à deriva no rio do tempo em vez de remar bravamente até o porto desejado. Seria o mesmo que, antes de iniciar nova tarefa, olhar a areia da ampulheta escorrer, virá-la e continuar a olhar.

A loucura do atraso é evidente, pois a vida pode ser perdida de uma hora para outra, enquanto a areia segue seu curso gravitacional para o outro lado da ampulheta sem nenhuma testemunha.

O atraso é o narcótico que paralisa a energia. Quando perguntaram a Alexandre, o Grande, como conquistou o mundo, ele respondeu: "Não me atrasei".

Não deixe para amanhã o que pode ser feito hoje; a mente transmite o comando e o corpo executa a tarefa. O dia de hoje é a espada que deve ser empunhada e usada; o amanhã não passa da bainha de onde um novo dia há de ser sacado.

O homem que ostenta uma majestade pedante e opressiva de dignidade só porque cumpriu alguma tarefa de pouca importância, ou porque está vestido com o breve manto da autoridade, perde de vista a sua verdadeira perspectiva da vida. Carece de humor, leva a si mesmo demasiado a sério – espada barata em onerosa bainha.

O invejoso é vítima do vício mais antigo da história do mundo, a mais vil e desprezível das características humanas, que se manifestou pela primeira vez no Jardim do Éden, quando Satanás invejou Adão e Eva, causou a queda do homem e o primeiro assassinato da história, a perversão cometida por Caim ao irmão Abel. Inveja é vício paradoxal. O invejoso não tolera a prosperidade do próximo, pois sofre de dispepsia mental frente ao banquete alheio; sua roupa se transforma em farrapos diante das vestes de veludo do próximo. Inveja é contemplação maliciosa da beleza, da honra, do sucesso, da felicidade ou do triunfo de outrem. É lama atirada pela inferioridade no sucesso, gangrena da ambição insatisfeita que corrói o propósito e acaba com a energia. É a nesga do egoísmo que faz o invejoso culpar os outros pelo seu fracasso.

Inveja é a bainha, rivalidade é a espada. O dono dessa espada encara o sucesso alheio como uma lição objetiva; tenta entender o triunfo do outro, saber sua razão e busca inspiração para criar um método de se nivelar para se realizar; aprende a lição e não rechaça o professor. Que nossa espada da emulação esteja sempre reluzente e afiada durante a batalha travada com esforço honesto e jamais ociosa no estojo enferrujado da inveja.

A suprema loucura do mundo é o ateísmo, o abismo mais triste no qual pode cair a mente humana. Compadeçamo-nos daquele que se afasta de Deus para seguir a filosofia ilógica dos infiéis mesquinhos ou suas interpretações errôneas das descobertas da ciência. Ele baseia sua fé nos sofismas engenhosos daqueles cujos livros lidos por ele explicam resumidamente todo o problema, e na desesperança de seu egoísmo fecha os olhos aos milhares de evidências, bem diante de si, mostradas pela natureza e pela vida, pois para ele os planos da Onipotência não são compreensíveis.

Talvez a razão da existência do pecado, da tristeza, do sofrimento e da injustiça no mundo seja a dificuldade do indivíduo em compreender um ou outro aspecto da religião, por isso ele prefere declarar que não tem fé. Poderia também desacreditar o céu acima de sua cabeça por não enxergá-lo por inteiro; o ar que respira por ser invisível; a magnitude do oceano porque sua visão é limitada. Poderia renegar a própria vida por não ser palpável e porque nenhum anatomista encontrou sua essência sutil para ser tocada pelo bisturi. Ele ousa não acreditar em Deus apesar das incontáveis manifestações do Altíssimo, por não ter sido abençoado pelo Ser Supremo para ver e confirmar com os próprios olhos os diversos planos do universo. Ele guarda a espada da crença na bainha encardida da infidelidade. Não enxerga a prova divina do milagre diário do nascer e do pôr do sol, das estações, das aves, das flores, das incontáveis estrelas que dançam com majestosa regularidade sob o comando da lei eterna; da presença do amor, da justiça, da verdade no coração dos homens; da confiança suprema, inata na humanidade; da crença que leva até o menos civilizado dos homens a adorar o infinito de alguma forma. Quem permite que a vaidade mesquinha o conduza a um raciocínio barato permite também que a bainha desajustada da infidelidade oculte a gloriosa espada de sua crença.

A filosofia da espada e da bainha se aplica tanto às nações quanto aos seus habitantes. Quando a França cometeu o doloroso crime do século XIX ao condenar Dreyfus à infâmia e ao isolamento, não ouvindo os clamores da justiça e procurando acobertar uma vergonha com outra maior, enfiou a espada da honra na bainha do crime nacional.

A quebra da espada de Dreyfus, quando lhe tiraram os galões de oficial em uma cerimônia cruel e humilhante diante do exército, tipificou a degradação da França, menosprezando a espada da justiça e preservando com cuidado a bainha vazia com a inscrição irônica: *Vive la justice*.

A bainha é sempre inútil na emergência, *portanto* devemos confiar na espada. É então que a trivialidade das aparências, da farsa, do fingimento, da fraqueza adornada é revelada, e as futilidades da vida assumem seu devido valor. Tudo que não é real, comprovado e verdadeiro assume brilho efêmero. Saberemos então se nossa vida foi uma verdadeira preparação quando mantivermos nossa espada limpa, compartilhada e pronta para ser usada – ou se a tornarmos apenas um objeto ocioso e inútil, com data de validade marcada na bainha oca de uma vida desperdiçada.

A conquista do evitável

O mundo seria um lugar delicioso de viver se não fosse pelas pessoas, as verdadeiras causadoras de todos os problemas. O maior inimigo do homem é sempre o homem. Desde o jardim do Éden, ele joga as responsabilidades de seus erros para outrem e assim vem agindo.

A maior parte da dor, sofrimento e tristeza é meramente invenção humana, ainda que o homem, com irreverência covarde, ouse acreditar que Deus é o culpado, insistindo em transgredir as leis, quer sejam naturais, quer sejam físicas, quer civis, quer mentais ou morais. Leis que o homem conhece, mas desconsidera; ele assume os riscos e pensa que pode evitar as consequências de alguma forma. Mas a lei da natureza prega que aquele que a infringir pagará a conta. Não existem leis divinas sem valor nos estatutos da vida. Quando se permite que uma procissão de tochas acessas atravesse um campo de pólvora, não é sensato atribuir a explosão subsequente à "obra misteriosa do Divino".

Nove décimos dos sofrimentos, infelicidades e tristezas do mundo são evitáveis. Os jornais são os principais cronistas da preponderância de tudo que é desnecessário. Parágrafo após parágrafo, coluna após coluna, são páginas e mais páginas sobre o lado obscuro da realidade: acidentes, desastres, crimes, escândalos, pecados e fraquezas humanas – é possível ticar um por um acrescentando a palavra "evitável". Se tivéssemos todas as informações necessárias, se nossa análise fosse exata o suficiente, poderíamos investigar todas as situações individualmente e saber a causa, a fraqueza ou o mal que as gerou. Às vezes, é o descuido, a falta de atenção, a negligência do dever, a avareza, a ira, o ciúme, a dissipação, a traição da confiança, o egoísmo, a hipocrisia, a vingança, a desonestidade – qualquer uma das centenas de fases do evitável.

Tudo que *pode* ser evitado *deve* ser evitado, e é sempre responsabilidade indiscutível do indivíduo. Há três níveis do "evitável": no primeiro, o indivíduo e só ele é o responsável; no segundo, o sofrimento causado pela má conduta daqueles ao seu redor, isto é, os outros; no terceiro, as circunstâncias que o fazem vítima desnecessária dos erros da sociedade, ou seja, ele é herdeiro inocente da insensatez da humanidade. A sociedade nada mais é que a concentração de milhares de herdeiros de hábitos, costumes e leis do passado.

De vez em quando, ficamos deprimidos e cansados diante do fracasso, quando toda a fortuna que parecia estar em nossas mãos escorrega pelos dedos por inveja, maldade ou traição de alguém. O coração se inunda de tristeza capaz de escurecer a vida e turvar o brilho da estrela da esperança, ou então nos vemos impotentes e desesperados diante do infortúnio desnecessário.

– Está tudo errado, tudo é cruel e injusto. Por que permitem uma coisa dessas?

E no auge desse sentimento intenso, repetimos um tanto inconscientemente essa pergunta, como se de alguma forma isso nos trouxesse alívio e serenidade. No entanto, na maioria dos casos a desdita poderia ser evitada. Nenhum sofrimento no mundo sobrevém sem motivo. Qualquer tristeza é evitável, pois origina-se da desarmonia ou do engano de vários tipos.

Na divina economia do universo, grande parte do mal, da dor e do sofrimento é desnecessária mesmo se anulada pelo bem, e talvez em sã consciência diríamos que nada é necessário, tudo é evitável. O engano pode ser meu, seu ou do mundo inteiro. Sempre é possível identificá-lo. O mundo em si nada mais é que uma união coesa de pensamentos, palavras, feitos de milhões de pessoas vivas ou não, como você e eu. Como as pessoas são as causadoras de nosso sofrimento evitável, acumulados na alma, devemos tentar enfraquecê-lo e transformá-lo no bem. Considerando que somos seres humanos passíveis de erro e com grande parte da culpa, pouco nos preocupamos em atingir o coração das pessoas ou provocar a sensibilidade alheia a menos que nos diga respeito.

Lembremos que a antiga lenda grega de Atlas, o rei africano que carregou o mundo nos ombros, vale para os dias de hoje.

O *indivíduo* atual é um Atlas que suporta o destino do mundo. Então, que cada um de nós faça o melhor que puder, e o resultado será previsível: o somatório insuperável do esforço conjunto. Que cada indivíduo tenha consciência e cumpra sua parte como se toda a responsabilidade caísse sobre ele, agindo com calma, gentileza e despreocupação como se o peso estivesse nas costas dos outros.

É possível evitar a maior parte dos acidentes, como em Balaclava – "alguém errou feio", como se disse na época. Uma das piores tragédias do século XIX foi a inundação de Johnstown, quando o rompimento da barragem de South Forth, no estado da Pensilvânia, Estados Unidos, causou a perda de mais de seis mil vidas. A enchente não foi mero acidente, foi crime. Situada diante de um vale onde havia um conglomerado de aldeias que davam de frente para o fluxo da água, uma represa que vazava havia anos era conhecida pela insegurança e incapacidade de resistir a qualquer aumento da pressão. Quando veio o temporal, a represa enfraquecida cedeu. Se *um* único indivíduo, um membro do Clube de Pesca de South Fork que tivesse tido a coragem de apenas cumprir seu dever, *um* membro destemido para sensibilizar seus companheiros e chamar a atenção do público para a fragilidade da barreira e torná-la mais segura, o assassinato de mais de seis mil pessoas poderia ter sido evitado.

Quando o maquinista exausto já não consegue continuar o trabalho excessivo, cochila sem querer e não vê a luz vermelha que sinaliza o perigo da alta pressão da caldeira, o desastre subsequente não pode ser imputável ao Todo-Poderoso. O erro previsível acabou se tornando uma lembrança terrível de uma empresa ferroviária que preferiu economizar alguns centavos. Um grama de prevenção vale mais que seis quilos de investigação do legista. É crime colocar na mesma balança a segurança, a sacralidade da vida humana e a poupança mesquinha resultante da transformação do homem em máquina sem levar em conta que ele é feito de corpo e alma.

As leis trabalhistas verdadeiras, justas e sábias são as armas da sociedade para combater o que pode ser evitado.

Quando um incêndio terrível destrói uma cidade e deixa toda uma nação enlutada, a investigação pode provar que a prevenção teria evitado a tragédia, ou ao menos minimizado o horror. Explosivos ou produtos químicos armazenados em quantidade acima do que estabelece como segura a sensata legislação sinalizam que alguém foi cruel e descuidado. Talvez a culpa tenha sido do inspetor cujo senso de responsabilidade foi entorpecido diante da oferta de suborno aceita por ele. O construtor avarento que deixa de colocar escadas de emergência no prédio sob seus cuidados certamente provocará várias mortes. E por isso as pessoas se revoltam, as manchetes dos jornais exaltam os protestos justos e exigem punição dos culpados. Dia após dia ouvimos dizer que "se as leis atuais não são abrangentes o bastante, novas leis terão de ser estabelecidas para evitar que tragédias assim se repitam". Nessas horas, muitas promessas de reformas são ouvidas, o ar parece transpirar o espírito de regeneração, o mercúrio do termômetro da indignação pública atinge a "febre alta" – termo que, neste caso, é brando e inapropriado.

Depois, conforme o horror vai se dissipando, as pessoas retornam tranquilas aos seus afazeres e obrigações, e a tão ameaçadora e poderosa onda de protestos justos morre na praia. Em pouco tempo, o que foi uma grande preocupação de todos já não interessa a ninguém. O enorme poder das autoridades se assemelha aos gestos dos bêbados: começam com força total no ombro, capazes de derrubar um touro, vão se esvaindo ao longo do braço até desaparecer nas mãos prostradas ao lado do corpo, incapazes de perturbar até uma borboleta. Há sempre um pequeno progresso, um ligeiro avanço, mas é apenas a superação dessas etapas que dá ao mundo o maior domínio sobre o que pode ser evitado.

O preço da conquista do evitável é a eterna vigilância. Não temos direito algum de achar que, sob a justificativa de que um erro pode ser necessário para evitar um mal maior, não precisamos tentar todas as precauções possíveis para impedir esse erro. Um homem empunha na mão direita uma arma mal disfarçada sob um lenço suspeito, acompanha uma fila de pessoas prestes a cumprimentar o presidente McKinley, estende-lhe a mão esquerda e ao mesmo tempo pressiona a arma no peito do líder máximo do povo americano: isso é sinal de que alguém do serviço secreto, pago pela nação para proteger seu governante, deveria ter sido mais atento e evitado a tragédia. Dois presidentes já tinham sido sacrificados, mas vinte anos de imunidade criaram a falsa sensação de segurança que resultou no relaxamento da vigilância. É preciso emular o exemplo das empresas de seguro que se recusam a arcar com alguns riscos por serem extremamente perigosos.

Pobreza não é necessidade da vida. Trata-se de doença resultante da fraqueza, do pecado e do egoísmo da humanidade. A generosidade da natureza é ilimitada; o mundo produz o suficiente para prover o alimento, a roupa e o conforto a todos os indivíduos. A pobreza é evitável e pode ser proveniente da indolência, do ócio, da intemperança, da imprevidência, da falta de objetivos ou da maldade causada pelo próprio indivíduo.

Se ele não for o causador, é possível culpar a influência de terceiros, os erros dos que o rodeiam, a opressão do trabalho pelo capital e os processos trituradores utilizados pelas empresas para pisá-lo. O indivíduo pode ser vítima dos milhares de aspectos do mal proveniente de outras pessoas. A pobreza causada pelas fraquezas e injustiças das leis humanas e suas instituições pode também ser evitada, mas para chegar à causa do problema é preciso muito tempo e esforço hercúleo de todos.

Na guerra contra a pobreza, os escritores que tentam insuflar os pobres contra os ricos fomentando a discórdia entre o trabalho e o capital prejudicam demais a ambos. O mundo precisa unir os dois lados com os laços da fraternidade. Seria bom se os menos afortunados soubessem dos cuidados, das responsabilidades, das formas de caridade não registradas e absorvessem as preocupações altruístas dos ricos; e se estes soubessem dos sofrimentos, das privações, das batalhas e do desespero dos pobres.

O mundo está descobrindo a grande verdade, a saber, a melhor maneira de evitar o crime é estudar as condições sociológicas em que ele floresce; tentar proporcionar a toda pessoa a chance de uma vida melhor, removendo, se possível, os elementos que facilitam o erro que, para tal pessoa, é quase necessário; inspirá-la a travar a batalha da vida com coragem e com a ajuda de todos os demais. A ciência e a religião caminham juntas na luta para cortar as causas do mal pela raiz, e não o crime como fruto de suas ramificações. É mais sábio prevenir que remediar; impedir que alguém se queime é melhor do que inventar novos curativos para feridas desnecessárias.

São as pequenas coisas que contribuem para o conjunto da miséria humana. Se todos os animais selvagens do mundo se juntassem, provocariam danos insignificantes quando comparados à devastação de uma nuvem de gafanhotos. Os crimes da humanidade e os pecados que nos fazem recuar amedrontados não causam tanto sofrimento e infelicidade quanto o somatório dos pecados menores, de ação ou omissão, com que milhares de indivíduos deparam todos os dias. Não se trata dos erros graves punidos pela lei, mas da infinidade de pequenos deslizes que o homem poderia ter evitado, os quais ele percebe apenas quando lhe pesa a consciência.

Palavras amargas de ódio e desprezo que vêm à ponta da língua com tanta facilidade proporcionando satisfação passageira em momentos de raiva podem transformar a vida inteira do próximo. O discurso impensado que demonstra falta de tato e compaixão não pode ser retirado ou cancelado com a desculpa "não foi de propósito". Isso não é justificativa para almas sensíveis, pois o que se espera é que o coração de todos nós transborde de amor, sem ser preciso frear ou censurar nossas falas.

Obrigações não cumpridas não raro geram tristeza e miséria a centenas de pessoas. A mulher rica que decide pagar à costureira quando lhe convier porque julga o assunto sem importância pode estar dando início a uma extensa cadeia de privação, sofrimento ou até incapacitação de sua credora.

Do ponto de vista da dura realidade, o resultado parece totalmente desproporcional à causa. Em alguns lugares nos Alpes, as massas de neve são tão sensíveis que a vibração de um único disparo pode desencadear avalanche e o esperado efeito cascata que espalhará a morte por todo o vale.

Que o indivíduo que vive de acordo com o que de melhor existe dentro de si use todos os minutos de sua vida para promover o bem. Realizar sempre um pouco mais dia após dia haverá de ser o ideal de sua existência:

– Se não puder realizar grandes coisas no mundo, darei o melhor de mim para cumprir todas as tarefas que me forem atribuídas e estar sempre aberto a todas as oportunidades. Consagrarei minha vida a vencer o evitável.

Que cada um diga ao se levantar renovado para enfrentar um novo dia:

– Que ninguém no mundo precise sofrer porque estou vivo. Serei gentil, amável e atencioso em pensamentos, palavras e obras. Procurarei identificar o que me enfraquece e me impede de viver a plenitude de minhas possibilidades. Hoje vencerei a fraqueza a qualquer custo.

Se o indivíduo sofre qualquer fracasso ou sofrimento, deve ficar feliz se achar que foi o responsável, pois a solução estará em suas mãos. A mentira, a intriga e a inveja nunca foram tratamentos para *evitar* o mal, apenas adiam a piora. Postergam o pagamento da dívida que terá de ser quitada mais tarde, com juros compostos. Seria o mesmo que tentar apagar o fogo jogando querosene.

A inveja, que no começo é apenas um pensamento, pode por fim significar o cadafalso. À primeira vista, o egoísmo é inofensivo, mas é a base da infelicidade. Também a deslealdade pode parecer rara, mas a sociedade está saturada. Judas ganhou reputação nessa proficiência. A compaixão, que deveria ser inata em todo indivíduo, é tão rara quanto a caridade humana. O mundo sofre de excesso de oferta dos males criados pelo homem, mas estes deveriam ser considerados dispensáveis.

O mundo precisa de sociedades formadas por pessoas comprometidas em derrotar os sofrimentos e tristezas evitáveis. O direito de cada um não deve prevalecer sobre o do próximo. Não existem peças solo na eterna música da vida, existe parceria, e é assim que a vida tem de ser conduzida. O livre arbítrio nos permite optar entre o bem e o mal. Qual será a escolha de cada, um de nós? A vida dará a resposta. Que nossa vida seja dedicada a tornar o mundo mais iluminado, mais agradável e melhor; que a vitória sobre a dor e tristeza evitáveis do dia a dia seja a revelação gloriosa das possibilidades que nos aproximam da realização dos nossos ideais.

Convivendo com a tolerância

A intolerância que se encaixa nos atritos desnecessários da vida é o preconceito que leva ao conflito. A intolerância reconhece só um lado, ela própria. O intolerante tem a presunção de ter o monopólio da verdade e a sabedoria de algum aspecto da vida.

A pessoa tolerante é calma, generosa e respeita a opinião dos outros, até mesmo de seus inimigos. Reconhece o direito de cada um de julgar por si mesmo, de ter vida própria, ser sempre autêntico contanto que não invada o direito do outro. Isso significa conceder a todos a mesma liberdade que almeja. A tolerância é a justiça silenciosa mesclada de compaixão. Se o tolerante quiser mostrar aos outros a verdade de sua perspectiva, deve fazê-lo com gentileza e deferência, apontando-lhes o caminho onde encontrou a paz, a segurança e o sossego e tentar levá-los a reconhecer ideais elevados por considerá-los inspiradores; empenhar-se com amor e companheirismo em prol da humanidade a fim de liderá-la, e não de dirigi-la, persuadindo e convencendo em vez de intimidar e suplantar. A tolerância não usa o método do bate e volta, o bastão do sarcasmo, ou a espada do ridículo em discussões sobre as fraquezas ou erros das pessoas. Pode açoitar ou flagelar o mal de uma época, mas é gentil e compreensivo com o indivíduo; condena o pecado, não o pecador. A tolerância faz o indivíduo julgar a verdade com bases superiores a sua opinião, ensina-o a viver de janelas abertas para receber os primeiros raios solares da verdade de qualquer um e perceber que a fé, condenada por ele com tanta rigidez, pode trazer a verdade ambicionada, bastando avaliá-la e testá-la antes de repudiá-la solenemente.

Nosso mundo está ficando melhor, mais tolerante e generoso. Ainda bem que passou o tempo em que a diferença de opiniões políticas era resolvida a ferro e fogo, quando a coragem humana de ater-se a uma religião significava enfrentar os horrores da Inquisição ou a crueldade da fogueira, quando nobres personalidades que se atreviam a ter ideias próprias sobre a ciência eram levadas para a masmorra. A tolerância e sua irmã gêmea, a ignorância, enfraquecem e morrem quando iluminadas pela pura luz da sabedoria. O conhecimento é a sentença de morte da intolerância, e não se aprende no livro, na escola, na academia, nas meras estatísticas acumuladas, nos fragmentos de informação – mas sim no estudo abrangente da vida, nos hábitos, nos costumes, nos objetivos, nos pensamentos, nas batalhas, nos progressos, nos motivos e ideais de outras épocas, nações e indivíduos.

A tolerância une os homens com os mais estreitos laços de fraternidade, transformando-os em unidade solidária no que é fundamental e proporcionando liberdade e liberalidade no que não é essencial. Napoleão, usando o título de primeiro-cônsul, declarou: "Que não haja mais jacobinos, nem moderados, nem monarquistas, sejamos todos franceses". Regionalismos e intransigências sempre se concentram em uma parte do corpo prejudicando a alma como um todo. O evangelho do mundo religioso atual necessita mais de Cristo e menos de seitas. O cristianismo era uma unidade na época de Cristo, depois de sua morte começaram as seitas.

Hoje nos Estados Unidos centenas de pequenas cidades se espalham pelo território com um número exagerado de igrejas. Em muitas dessas cidades, antigos vilarejos que se expandiram, há uma dúzia ou mais de igrejas muito simples que lutam para se manter ativas. O que as diferencia é apenas uma pequena diferença de credo, algum frágil detalhe técnico de convicção religiosa. Estão à beira da inanição, arrastando-se para sobreviver, lutando contra o valor alto da hipoteca de uma pequena congregação com contribuições minguadas, o que torna difícil a sobrevivência de qualquer fervor espiritual. Por meio da associação, cooperação, tolerância e renúncia mútua ao que não é essencial e da concentração vital em torno das grandes realidades fundamentais do cristianismo, sua saúde espiritual e suas possibilidades poderiam crescer maravilhosamente. Então, três ou quatro igrejas bem fundamentadas e prósperas tomariam o lugar de uma dúzia de batalhadoras. Por que ter uma dúzia de pontes frágeis sobre um riacho, se o bem maior poderia vir de três ou quatro mais fortes, ou de uma única mais sólida? O mundo precisa de uma grande confiança religiosa que reúna as igrejas em um único corpo de fé para antecipar e preparar o caminho de maior convicção religiosa, previsto nas Sagradas Escrituras – o milênio.

Temos o direito de ser leais à nossa crença, fiéis à nossa causa, sem condenar os devotos segundo sua consciência ou seus desejos. Os grandes reformadores do mundo, que buscam com honestidade e sinceridade a resolução dos graves problemas sociais, favorecendo meios para enfrentar erros e pecados, em plena concordância com suas estimativas de gravidade e horror da situação, muitas vezes propõem métodos de realização diametralmente opostos. Eles analisam o assunto segundo diferentes pontos de vista, e olhando de fora seríamos intolerantes se condenássemos os indivíduos de um lado ou de outro apenas porque não lhes acatamos o veredicto como se fosse nosso.

Estadistas igualmente capazes, sinceros, justos e altruístas tomam decisões diferentes sobre as grandes questões nacionais. Há os que agem como cirurgiões e extirpam a lesão com bisturi – a espada ou a guerra servem de analogia; os que seguem o caminho dos médicos que prescrevem medicamentos para tratar e curar – eis a alternativa dos diplomatas; por fim, há os que recomendam aguardar, deixando que o tempo e a natureza se encarreguem da solução – são os conservadores. Contudo, os três tipos concordam que o mal existe e que é necessário enfrentá-lo.

A discordância de autoridades nas questões a serem resolvidas pelo julgamento humano deveria servir como exemplo de tolerância em relação à opinião dos outros, por mais que confiemos na integridade de nosso julgamento como se ele existisse desde o dia da criação. Mas se alguma luz nova nos clarear a visão, mudemos logo de opinião sem nos importar com a insensatez dos que continuam a usar o calendário do ano anterior como guia dos eclipses atuais. A tolerância é sempre progressiva.

Os intolerantes acreditam que nasceram com o talento peculiar de cuidar da vida dos outros, sem nenhum conhecimento de seus detalhes; eles se acham no direito de ser melhores do que os próprios interessados que dedicam a vida para aplicar suas ideias às questões vitais. A intolerância é a voz dos fariseus, que ainda clamam sua infalibilidade através dos tempos.

Não enxerguemos o mundo com os nossos olhos cansados. Se acreditamos que a música deixou de existir quando Wagner parou de compor, não condenemos quem aprecia óperas ligeiras. Quem sabe um dia essas pessoas refinem seu gosto musical e aprendam a aplaudi-la. Se soubesse que esse tipo de música viria a alegrar a alma de muitos, teria Wagner composto mais? Não é justo tirar uma boneca de pano de uma criança para que ela entenda a beleza da Vênus de Milo. A boneca é a sua Vênus, e depois de ter várias outras mais elaboradas ela perceba os encantos da mulher de mármore da ilha grega.

A intolerância comete seu maior erro ao mensurar as necessidades dos outros com base nas suas. Ignora a equação pessoal na vida. Um livro excelente para uma pessoa de quarenta anos pode ser inútil para um menino de treze. Escolhemos uma série de atos para atingir nosso maior sonho de felicidade, o nosso Paraíso. Segundo os antigos teólogos, se fôssemos forçados a agir de modo diferente, isso seria pior do que o destino após a morte dos desalmados. O que para um pardal pode ser um café da manhã aceitável, para um elefante é insuficiente.

Externamos nossa intolerância quando julgamos solenemente as ações e o caráter das pessoas ao redor e do alto de nossa ignorância as condenamos sem pensar duas vezes, com a presunção do saber absoluto. A tolerância nos mostra o caminho do reconhecimento e respeito pelas diferenças de natureza dos que nos são próximos, levando em consideração as especificidades de formação, oportunidades, ideais, motivos, gostos, opiniões, temperamentos e sentimentos. Os intolerantes procuram viver a vida dos outros *no lugar* deles, e a compreensão nos ajuda a viver *com* eles. Devemos ser condescendentes com a humanidade em todas as suas fraquezas, pecados e loucuras, procurando extrair o melhor das pessoas, da mesma forma como precisamos de reciprocidade. Aprendemos esta lição com a idade, e com maior conhecimento do mundo percebemos como a vida poderia ter sido mais feliz para todos nós se tivéssemos sido mais tolerantes, caridosos e generosos.

Não somos totalmente perfeitos; se fôssemos, provavelmente nos transportariam da terra para o céu, como o profeta Elias, sem esperarmos criar asas nem adquirirmos um passaporte para a morte. Os jovens não aprendem esta lição com tanta facilidade, mas precisamos compreendê-los tomando como exemplo o que disse, consciente de sua sabedoria, um velho professor a seus alunos: "Ninguém é infalível, nem mesmo os mais jovens". Aceitemos as pequenas falhas dos que nos cercam assim como aceitamos os fatos da natureza e deles extraímos o que têm de melhor: a casca dura das nozes, ou tenra de certas frutas, e a sombra que sempre acompanha a luz. Elas não são falhas absolutas, mas sim particularidades individuais. O intolerante vê o cisco no olho de seu próximo maior que a trava no próprio olho.

Em vez de nos concentrar num ponto fraco do caráter de alguém, procuremos alguma qualidade compensatória, um crédito que cancele a dívida no balanço contábil. Não insistamos que as rosas têm espinhos, mas sejamos gratos aos espinhos porque têm as rosas. Na natureza existem espinhos e acúleos. Os primeiros são orgânicos, são modificações de ramos que surgem nas folhas, como as do limoeiro; os segundos são eminências duras e pontiagudas. Há acúleos de caráter que revelam falta de harmonia e só podem ser controlados internamente. Existem também os espinhos, que são meras peculiaridades de temperamento que os olhos da tolerância podem desconsiderar e o dedo da caridade remover.

Que só a ternura da tolerância ilumine e glorifique o mundo, como o luar, que a tudo embeleza. É injusto avaliar o próximo apenas por suas fraquezas. Uma pequena fragilidade pode não passar de reles hipoteca de uma imensa propriedade, e seria medíocre e limitado julgar a hipoteca do caráter. Consideremos o "patrimônio" como um todo, o valor real do que é avaliado.

A menos que sejamos generosos ao tentar descobrir o motivo subjacente a um único ato alheio, levando em conta as circunstâncias que inspiraram sua trajetória de vida ou seu objetivo almejado, nossas breves condenações não passam de manifestações arrogantes e egoístas da nossa intolerância. Devemos julgar as coisas relativamente, não absolutamente. O ponteiro das horas tem valor tão inestimável quanto o dos minutos, apesar de este ser menor e parecer trabalhar doze vezes menos.

No círculo familiar, a intolerância se apresenta na forma de excesso de disciplina, na atmosfera rígida, repleta de proibições. É como se houvesse pela casa várias placas do gênero "não pise na grama". Isso significa a revogação da individualidade; significa condenar as vontades das crianças em vez de cultivá-las e direcioná-las. Tola é a tentativa de tentar moldá-las de fora para dentro, tal qual o ceramista com a argila. A concepção mais consciente é a formação equilibrada, que ajuda a criança a se desenvolver. Às vezes parece que os pais se esquecem de seus dias de juventude; não compreendem que os filhos têm necessidade de prazeres mundanos, roupa bonita e companhia dos amigos. É claro que devem existir algumas regras estritas, princípios básicos da vida, desde que sejam flexíveis com as variadas manifestações da individualidade em aspectos menos importantes. Convicção, compreensão, amor e confiança dão origem ao espírito de tolerância e doçura que se combinam às mil maravilhas. A intolerância converte crianças espontâneas e vivazes em criaturas pedantes cheias de falsas virtudes: autômatos irritantes da obediência.

A tolerância é um estado de concessões mútuas. Deve haver reciprocidade constante de independência na família, tolerância mútua. Esse é o reconhecimento instintivo da individualidade sagrada, o direito de cada um de viver da melhor forma possível. Se assumirmos um papel ditatorial, tiranizando os pensamentos, palavras e ações alheias, sacrificaremos o poder magistral da influência, com a qual poderíamos ajudar nossos semelhantes, em prol do triunfo pífio da tirania, que nos faria perdê-los ou afastá-los. Talvez a razão pela qual muitos filhos de pessoas boas tão comumente se desviam da seriedade, força e virtude do pai; ele espera ser obedecido conforme seus ditames, desvalorizando assim o poder do ensinamento, o que gera intolerância, força a submissão e deixa o fogo do protesto queimar lentamente até virar labaredas no primeiro respiro de liberdade. O espírito de tolerância e concessões nas relações entre irmãos, cônjuges, pais e filhos, patrão e empregado transforma o ambiente de escuridão e rigidez em ternura e amor.

O relacionamento de pais e filhos é sagrado, porém chega o momento em que o menino se transforma em homem, e a menininha do papai precisa enfrentar os grandes problemas da vida como adulta. Os pais devem parar de tutelar os filhos quando estes "criam juízo", deixando-os exercer o direito à liberdade para que possam assumir suas responsabilidades. Contudo, prevalecem o direito e o privilégio dos pais de aconselhá-los de forma útil e amorosa, o que deve ser respeitado. Mas se o filho ou a filha precisarem tomar uma decisão de vulto, que pode significar sua felicidade ou sofrimento eterno, então a decisão compete a ele ou a ela.

A coerção, o suborno, o abuso de influência, ameaças de deserdação e outras armas familiares são cruéis, egoístas, arrogantes e injustas. Filhos são seres humanos, livres para decidir a própria vida e não escravos. Existe um limite bem marcado que, se ultrapassado, vira intolerância.

A tolerância é elástica: desenvolve a compreensão, enfraquece as preocupações e inspira a calma. Trata-se apenas de caridade e otimismo, do cristianismo como realidade eterna, não como mera teoria. Sejamos tolerantes com as fraquezas dos outros e duramente intolerantes com as nossas. Procuremos perdoar e esquecer as falhas alheias, perdê-las de vista e desconsiderar o que as pessoas são hoje já que amanhã podem mudar. Que as almas sejam preenchidas com a revelação das possibilidades durante a majestosa evolução da humanidade. Procuremos ver, por eles e por nós, os acúleos do presente no carvalho gigantesco do futuro.

Devemos entender o direito de toda alma humana de traçar o próprio destino contando com a nossa ajuda, compaixão, inspiração, se assim formos privilegiados, pois seríamos intolerantes se tentássemos viver tudo isso pelos outros. Que cada um se sente no trono de sua individualidade, reine sozinho e no fim de seus dias preste contas de seu reinado ao Deus eterno. A vida é privilégio honroso, prerrogativa gloriosa de todo ser humano – seria intolerância arrogante tocar a arca sagrada com a mão da condenação impiedosa.

Coisas que chegam tarde demais

O tempo parece um velho humorista implacável com predileção pelo passado. Seu sarcasmo inclui as coisas que chegam tarde demais. Toda geração se empenha em corrigir os erros de seus antepassados, deixando os próprios erros para que as gerações seguintes os corrijam. Cada uma deixa como herança sua sabedoria e sua loucura, a saber, um crédito de conhecimento e um débito dos erros e fracassos. Como consequência, coisas que chegam tarde demais significam apenas o atraso do pagamento de dívidas antigas. Isso quer dizer que o mundo está ficando mais sábio, melhor, mais verdadeiro, nobre e justo, saindo da obscuridade sombria do erro para o sol da verdade e da justiça. Fica provado que o tempo está tecendo uma bela trama da humanidade, feita de erros e acertos entrelaçados.

Dentre as coisas que chegam tarde demais estão a sabedoria plena, honras prorrogadas e a verdadeira concepção do trabalho dos tão mal interpretados e não reconhecidos pioneiros, bravos e persistentes soldados na luta solitária pela verdade. Esse é o melhor ato do mundo em relação à vida. Se consideradas com precisão e superficialidade, as coisas que chegam tarde na vida nos deixam impotentes, sem esperança e pessimistas; porém, se vistas com o olho da sabedoria, elas nos revelam a grande marcha evolutiva do ser humano rumo ao que há de mais elevado. A Natureza proclama que, por fim, o bem *tem de* prevalecer, o certo *tem de* triunfar, a verdade *tem de* vencer e a justiça *tem de* reinar. Para nós, indivíduos, é um alerta e uma inspiração – um aviso contra a sonegação do amor, da caridade, bondade, compaixão, justiça e civilidade antes que seja tarde demais; uma inspiração para darmos o melhor de nós mesmos, empenhando-nos ao máximo, sem nos preocupar com resultados, mas com a confiança serena de que tudo *deve* vir a seu tempo.

Leva mais de trinta anos para a luz de algumas estrelas chegar à Terra – algumas demoram cem, outras até mil. Essas estrelas não são visíveis até sua luz alcançar nossos olhos. Demora quase o mesmo tempo para que a luz das grandes mentes do mundo alcance os olhos capazes de enxergar. Então elas se revelam como estrelas brilhantes na galeria mundial dos imortais. É por esse motivo que o brilho de algumas mentes contemporâneas não promete fama duradoura. Vivemos confundindo vagalumes de inteligência com as estrelas dos gênios. Basta dar tempo ao tempo para tudo se acertar. A fama, por sua vez, não traz alegria, apoio ou inspiração para quem já atravessou as luzes e sombras do mundo; ao contrário, carrega as honras tardias, um toque do ridículo misturado com o patético. Ainda que o reconhecimento tardio seja melhor que nada, pois antes tarde do que nunca, será mais valioso e benévolo se vier na hora certa. Nossa tendência é condenar e julgar de imediato, mas a crítica criteriosa vem em passos de tartaruga.

Em outubro de 1635, Roger Williams, teólogo inglês que pregava nos Estados Unidos, foi condenado pelo Tribunal Geral de Massachusetts a deixar o estado para sempre por causa de suas petições em favor da liberdade individual. Ele foi para Rhode Island, onde viveu por quase cinquenta anos. A consciência do estado acabou pesando, e alguns anos mais tarde, em abril de 1899, o tribunal revogou a medida precipitada. A documentação original, amarelada, deteriorada e quase ilegível foi tirada de seu túmulo e "por uma moção comum apresentada, sustentada e aprovada", a ordem de banimento foi solenemente "anulada, revogada e tornada sem efeito". O banimento sofrido por Roger Williams durou mais de duzentos anos e foi indeferido, quando já não havia razão legal que o impedisse de retornar a Massachusetts e morar no estado. Este levou o devido crédito e honra pela ação, que em essência estava correta. Roger, falecido havia mais de dois séculos, deve ter sorrido e compreendido as razões do estado, mas a reparação do erro veio tarde demais.

Os erros, pecados e desvarios de uma época podem ser notados pela posteridade, mas o indivíduo permanece sozinho. Somos os únicos responsáveis pelo que fazemos ou deixamos de fazer. Se permitirmos que as horas preciosas, que poderiam ter sido devotadas para atos maiores, escorram pelos nossos dedos como areia, ninguém jamais poderá restaurá-las para nós.

A afeição humana alimenta-se de sinais e provas de carinho. Não é suficiente ter sentimentos de bondade, é preciso manifestá-los. A água existente nas nuvens não refresca a terra árida, mas a chuva abençoada desperta a terra para uma nova vida. Estamos sempre prontos para dizer "ele sabe quanto o quero bem" achando que externamos o óbvio. Podemos até saber que o sol brilha em algum lugar e ainda assim trememos se nos faltam seu brilho e calor. Devemos expressar amor em pequenas ações, palavras de carinho e apreço, sorrisos e fraternos apertos de mão. Esse afeto deve ser demonstrado efetivamente, e não apenas ser lembrança não manifesta de paciência, indulgência, cortesia e gentileza. Essa teoria da suposta confiança da durabilidade do carinho é uma das fases tristes da vida conjugal. As rosas de amor devem estar sempre abertas, exalando perfume, em vez de prensadas na Bíblia da família para secar e tão somente servir de referência, de lembrança do que foi, mas não a garantia do que é de fato. Quase sempre o casamento fecha a porta para a vida, deixando do lado de fora o sentimento, o cuidado e a generosidade. O sentimento pode até estar vivo, mas não é revelado com facilidade. A rima rica da poesia do amor transforma-se em verso branco e mais tarde em prosa entediante.

"Ele é cristão, mas não muito praticante", diria o menino sobre o pai. O amor não manifesto não alimenta o coração, da mesma forma que o corpo não se nutre com um filão de pão, e não alegra a rotina cotidiana tanto quanto uma única lâmpada apagada não ilumina uma sala. Geralmente existe um desejo grande no coração de um marido ou de uma esposa de expressar por palavras acalentadas de amor ou carinho, de onde quer que venham. Se houvesse mais ternura depois do casamento, os advogados que fazem separações teriam muito menos trabalho. Essa percepção geralmente chega tarde demais. As pessoas têm mais avidez de gentileza, compaixão, amor e camaradagem do que carência de alimento. Quantas vezes deixamos de dar uma palavra de força e afeto, elogio ou congratulação a alguém, mesmo sabendo que nossos sentimentos serão reconhecidos, temendo incentivar a vaidade ou excesso de confiança desse alguém. Que possamos abrir as comportas da reserva, as muralhas da repressão mesquinha e permitir inundações de sentimentos represados. Há menos monumentos erguidos em memória dos que em vida falharam por excesso de elogios do que frases laudatórias cinzeladas em lápides e jamais ditas aos que agora são guardados pelas mesmas lápides. O homem não pede aplausos nem elogios, mas deseja o som retumbante do reconhecimento sincero pelo que realizou, a valorização justa do que está realizando e a compreensão pelo que luta para realizar.

Por que a morte nos conscientiza de uma centena de virtudes de alguém que em vida parecia comum e cheio de defeitos? Falamos como se um anjo tivesse vivido na cidade durante anos e só o descobrimos depois de morto. Se ele tivesse ouvido essas frases quando vivo, se tivesse descontado sessenta por cento dos elogios que recebeu, quem sabe estes não teriam servido como inspiração em momentos de cansaço, desgaste e preocupação com os problemas da vida. Mas agora os ouvidos já não são capazes de escutar toda a música terrena, e mesmo que pudessem as palavras seriam apenas mensageiras de um amor que chegou tarde demais.

É correto falar bem dos mortos, lembrar sua força e esquecer suas fraquezas, louvar-lhes a memória com expressões de honra, justiça, amor e tristeza que nos enchem o coração. Mas são os vivos, sempre eles que mais precisam desse incentivo. Os mortos já estão em outra esfera, nem os nossos gritos mais histéricos de agonia e arrependimento farão eco no silêncio do desconhecido. Aqueles que enfrentam a batalha da vida, ainda tentando corajosamente ser e fazer, estes sim precisam de nossa ajuda, nosso companheirismo, nosso amor e tudo o que tivermos de melhor. Uma flor singela colocada em nossas mãos quentes vale muito mais do que montanhas de rosas sobre o nosso caixão.

Se tivermos falhado em louvar os mortos, nossa tristeza profunda e o fluxo instintivo de sentimentos proclamarão o vácuo de dever não cumprido que agora tentamos preencher tarde demais. Mas existe reparação que não chega tarde demais. Ela existe ao tornamos a humanidade herdeira da bondade e do amor que lamentamos não ter demonstrado, ao levarmos luz, coragem e alegria à vida dos que nos são próximos. Assim nosso pesar será sincero e não apenas uma torrente temporária de emoções excessivas. É durante o período de formação, quando procuramos conquistar nosso espaço na vida, que mais precisamos de ajuda, essencial por menor que seja. Os poucos livros emprestados ao magnata americano Andrew Carnegie no começo de sua carreira serviram-lhe de inspiração. Mais tarde, quando se dedicava a projetos filantrópicos, ele espalhou bibliotecas por todo o seu país como forma de retribuição. Ajude as mudas de árvore a crescer – os poderosos carvalhos não precisam do seu incentivo.

Palavras de ânimo devem ser ditas quando necessário e não se limitar a manifestações hipócritas, ou mera preparação de terreno para futuros favores. Cristóvão Colombo estava sozinho no meio de uma tripulação amotinada que ameaçava matá-lo. Quando a beleza da terra firme se descortinou diante deles, todos caíram aos pés de Colombo, proclamando-o um deus inspirado pelo céu. Algumas árvores e a costa de seixos o divinizaram. Um pouco mais de paciência durante a viagem, sinais de companheirismo e amor fraterno teriam sido um bálsamo perfeito para sua alma.

É na infância que os prazeres mais contam, e pequenos gestos de ternura geram grandes retornos. Que possamos prover nossos filhos com o calor do sol, do amor, do companheirismo e da solidariedade quando enfrentarem pequenos problemas e preocupações que para eles parecem enormes; mostrar interesse sincero em suas esperanças crescentes e nos sonhos e anseios vagos e desproporcionais. Coloquemo-nos na pele deles, enxerguemos o mundo com a sabedoria de fazê-lo pelos olhos deles a fim de corrigir-lhes os erros de perspectiva. Pequenos gestos assim os tornarão mais felizes do que atos mil vezes maiores que porventura cheguem tarde demais.

A procrastinação é a mãe de uma família numerosa de coisas que chegam atrasadas. Significa "ligar de novo amanhã". Aniquila o autocontrole, esgota a energia mental e torna a pessoa vítima das circunstâncias e não da criação. Existe um lado da procrastinação que pode ser considerado virtude: deixarmos de cometer um erro hoje que poderia ser adiado para amanhã; não realizar agora o que pode nos envergonhar amanhã.

Existem pequenas desavenças na vida, desentendimentos menores que passam despercebidos entre amigos, pois cada um está blindado pelo orgulho e encantado demais consigo mesmo para ceder. Chega o momento em que poucas palavras diretas a tudo consertariam, e as nuvens escuras dariam passagem aos raios solares do amor. No entanto, as pessoas nutrem sentimentos fracos e mesquinhos de dignidade, afastando-se cada vez mais dos que as cercam e todas seguem seu caminho solitário, morrendo de saudade do outro. Talvez acordem e percebam tarde demais a necessidade de reatar laços de carinho rompidos e iniciar uma nova vida.

Em mil aspectos da vida, a sabedoria tardia geralmente surte efeito irritante e depressivo no indivíduo, que deve compensar o débito na conta de sua experiência. Ora, se não houver sabedoria tardia, não haverá experiência. No fim das contas, isso significa apenas que somos mais sábios hoje do que éramos antes, que enxergamos tudo nas devidas proporções e que nossa trajetória de vida foi iluminada.

O mundo é propenso a julgar pelos resultados. É muito bom ser o acionista majoritário do próprio sucesso e prosperidade, mas com frequência nossos atos de compaixão e compreensão não entram nesse juízo de valores. Quem rema contra a maré tende a encontrar poucos que o ajudem. Quando a correnteza permite que seu barco vá mais rápido sem esforço, logo surgem outras embarcações, vindas de todas as direções, e o remador tem a impressão de que acabou de acordar no meio de uma regata. A ajuda então chega tarde demais, quando já não é necessária. Ele mesmo deve se proteger da tentação do cinismo, frieza e egoísmo. Deve assumir e se conscientizar de que aquilo que nomeia como "o papel do mundo" não deve ser o mesmo que o seu, ao mesmo tempo que precisa saber que o estímulo nunca virá tarde demais a quem luta com semelhante bravura, mas, por ser menos forte pode se desesperar e soltar os remos por falta de gesto ou palavra de incentivo durante uma crise.

Segundo o antigo provérbio da filosofia sombria, "águas passadas não movem moinhos". Como é possível os moinhos usarem sempre a mesma água para se movimentar? É bem provável que ela gire feliz os outros moinhos do vale, cumprindo seu bom trabalho em ritmo constante. É loucura pensar obsessivamente em águas que já se foram. Concentre-se no rio caudaloso que está sempre fluindo, use suas águas da melhor forma possível e depois que ele seguir seu percurso sejamos gratos e satisfeitos pelo serviço prestado.

O fluxo do rio da vida é diário e interminável. É bobagem nos arrependermos depois a ponto de fechar os olhos para o rio poderoso do presente. Façamos o melhor que pudermos no presente para melhor nos preparar para o amanhã; assim até as coisas que chegarem tarde demais serão novas revelações de sabedoria a serem usadas amplamente no dia a dia e no futuro que estamos criando.

O papel do reformador

Os reformadores do mundo têm um propósito poderoso. São pessoas com a coragem de externar sua convicção pessoal, que ousam contrariar críticas dos inferiores, que carregam por vontade própria cruzes pelo que acreditam, mesmo sem garantia da coroa. Elas não temem mergulhar nas profundezas do silêncio, da escuridão e do esquecimento e só emergir quando têm uma pérola na mão.

Quem trabalha sem se cansar na realização de um objetivo nobre, com o olhar fixo na luz de um desígnio maior, da mesma forma como os Três Reis Magos seguiram a estrela do Oriente, é um reformador. Quem tem lealdade à inspiração de sua fé religiosa e com sua força continua caminhando, mesmo que com passos incertos rumo à glória da certeza, é um reformador. Quem segue um tênue fio rumo a alguma revelação da natureza, incorpora o espírito da verdade, enfrenta um labirinto de dúvidas, esperanças, experiências e questionamentos até que esse tênue fio se fortaleça e esteja firme ao toque e seja capaz de conduzi-lo à maravilhosa iluminação da lei da natureza é um reformador.

Quem escala sozinho as montanhas da verdade, iluminado pela luz de uma revelação superior, e retorna para fazer o mundo apressado ouvir sua história é um reformador.

Quem quer que procure traçar o próprio destino, dedicando a vida com bravura ao trabalho que a natureza lhe indicou com calma e levando em consideração os direitos dos outros e suas obrigações para com eles, é um reformador.

Aqueles que abandonaram o lugar comum e convencional por causas nobres são reformadores, pois se esforçam para criar condições novas, devotando a vida aos seus ideais. Eles representam a vanguarda agressiva e corajosa do progresso. São capazes de suportar um estado de sítio, encaram longas marchas forçadas sem nem murmurar, cerram os dentes e baixam a cabeça ao atravessarem uma cortina de fumaça, sorriem das privações e provações que ousem cruzar seu caminho. Não se importam com as dificuldades e os perigos da luta, pois sempre se inspiram na bandeira do triunfo que já parece tremular na cidadela de suas esperanças.

Se temos uma grande ambição na vida, devemos primeiro saber se nossos planos heroicos são bons, elevados, nobres e superiores o suficiente para arcarmos com o preço de realizá-los. Sejamos honestos e sinceros ao examinar nossas necessidades, habilidades e recursos para ter certeza de que não são somos guiados somente por caprichos passageiros. Aceitemos todos os conselhos, a luz que nos chega por todos os lados, escutando com a mesma atenção do juiz que só depois de analisar as provas proclama seu veredicto. A escolha da obra de vida é responsabilidade sagrada demais para ser decidida levianamente por pessoas menos informadas do que o próprio indivíduo. Depois de pesarmos os prós e os contras a fim de tomarmos a decisão acertada, concentremo-nos no que sentimos ser nosso ideal supremo, sem abandonar o dever, sem nunca nos distrair nem deixar de realizar coisas maiores, sem nos importar em arcar com o preço justo da conquista.

Quando a natureza designa um homem como reformador, sussurra em seu ouvido uma grandiosa mensagem, coloca em suas mãos muita coragem, envolve-o com um manto de paciência e autoconfiança e o inicia em seu caminho. E, num ato de misericórdia, infunde-lhe o otimismo que lhe trará forças para sobreviver a tudo.

O trabalho do reformador é difícil, muito difícil. O mundo não o conhece direito, pois é raro que perceba as cicatrizes do conflito, as dores da esperança adiada e as ondas poderosas de desespero que encobrem todo grande propósito. De vez em quando, pessoas com objetivos sinceros e ambições altruístas, cansadas e desgastadas de tanto lutar, permitem que seu grito descontrolado de desesperança seja ouvido pelo mundo, ou uma palavra de amargura passageira em face do vácuo de todo o seu esforço. As pessoas com ideais nobres e propósito grandioso têm de saber que o caminho do reformador é solitário. Precisam viver conscientes de que a força vem de seu interior e de que não devem depender de ajuda externa. Sua missão, seu objetivo elevado, sua meta suprema constituem sua fonte de força e inspiração. O reformador há de acender a tocha da inspiração, protegendo com a mão a chama sagrada enquanto avança com passos firmes em sua jornada solitária.

O reformador da moral, da educação, religião, sociologia, invenção e filosofia em qualquer linha de aspiração é sempre um pioneiro. Seu privilégio é iluminar o caminho, arriscando-se a sinalizar os perigos para que os outros sigam em segurança. Não deve esperar que o caminho seja plano e asfaltado, mas saber que deverá enfrentar a injustiça, ingratidão, oposição, desentendimentos e a crítica cruel dos contemporâneos e sempre o pior obstáculo: a reprovação inadvertida dos que mais o amam.

Assim como a tartaruga, ele não deve esperar que a águia seja uma amiga. Um grande propósito está sempre acompanhado do isolamento. Será que o soldado, que lidera um grupo de assalto, deve se queixar que os outros não o acompanham? Ele deve se inspirar e se concentrar na oportunidade gloriosa que tem a sua frente e não se importar com aqueles que vêm atrás, a não ser para se certificar de que é o líder que julga ser e que o batalhão deve segui-lo em momentos de crise.

O reformador deve entender sem sombra de amargura que o mundo ocupado pouco liga para suas batalhas, importa-se apenas em congratulá-lo no triunfo final, quando compartilhará da alegria da fartura e não do jejum. Cristo estava sozinho no

Getsêmani, o jardim situado no sopé do Monte das Oliveiras, em Jerusalém, mas durante o sermão, quando havia alimento, quatro mil pessoas o escutavam.

O mundo é honesto o bastante em suas atitudes, mas leva tempo para perceber, aceitar e assimilar as grandes verdades. Desde os primórdios da história, o grande espírito conservador de cada época é o alicerce que mantém o mundo estável e torna a lenta aceitação das grandes verdades um elemento essencial de segurança. O mundo é sábio e prudente, exige provas claras, absolutas e inegáveis antes de aceitar a verdade em sua essência. O esclarecimento total leva anos, às vezes gerações. É esse o respaldo da verdade. O tempo é a prova incontestável, o tribunal de apelações que separa o joio das alegações falsas, das revelações dissimuladas e dos sonhos vãos. É o critério definitivo que revela por fim o ouro verdadeiro. O processo é lento, tem de ser, e o destino para os mais capacitados e reformadores do mundo, contrariando a crítica, deve estar repleto da ternura que há no consolo em vez da amargura do cinismo.

Nossa obra certamente não chega nem aos pés dos grandes líderes, será então que devemos esperar simpatia imediata, apreciação e cooperação na nossa luta pela realização de objetivos, enquanto eles tiveram de aguardar o merecido reconhecimento? O mundo costuma se expressar a seus líderes com palavras e ações: "Se quiser nos ensinar a ter pensamentos elevados, ideais de vida puros, então escreva em letras garrafais todas as possíveis glórias do desenvolvimento, mas é *você* que terá de pagar o preço, não nós".

O mundo tem uma lei bem definida assim como as de Kepler: "O crédito contemporâneo pelas obras reformadoras em qualquer sentido terá a proporção inversa da raiz quadrada de sua importância". Apresente-nos uma novidade e morreremos prostrados na praia, dê-nos uma nova filosofia, uma revelação extraordinária, uma concepção mais elevada da vida e da moralidade e talvez passemos batido, mas o preço será cobrado no futuro. Emita boletos a pagar e a posteridade se encarregará de quitá-los. Se pedir pão, ela lhe dará uma pedra nomeada de monumento.

Nada disso desencoraja os grandes esforços dos capacitados. Eles são considerados gênios por estarem décadas à frente de sua geração. Para apreciá-los, há que ser compreensivo e ter as mesmas características. As pessoas estimam só os que estão alguns passos à frente; é preciso evoluir para valorizar o pensamento dos gênios. As pessoas mais elevadas devem aceitar isso como condição necessária. Este é o preço que se paga por estar à frente de sua geração, da mesma forma que, no teatro, os assentos do camarote nas apresentações da orquestra custam mais caro que os das últimas fileiras das galerias.

Os métodos adotados no mundo são imparciais – "devemos sofrer agora para recebermos a fama mais tarde". Fama póstuma significa que o indivíduo pode tremer de frio, mas seus netos terão sobretudos forrados de pele, ou seja, uma semente é cultivada para que no futuro os herdeiros vendam os carvalhos. A fama ou reconhecimento tardio é um cheque nominal que será pago só aos herdeiros.

O que o mundo mais exalta é ao mesmo tempo seu maior temor: ideias novas. Os marcos do progresso narram a história através dos tempos. Galileu foi preso aos setenta anos e seus trabalhos foram proibidos. Não que ele tivesse cometido algum crime, mas estava adiantado para sua geração. Os acadêmicos do mundo levaram vinte e cinco anos para aceitar a descoberta do dr. Harvey, sobre a circulação do sangue no corpo humano. Fröbel, pedagogo, homem terno e inspirado amante das crianças, sofreu as provações e lutas infligidas a todo reformador; seu sistema de ensino foi abolido na Prússia porque era "destinado a levar nossos jovens ao ateísmo". E assim foi com milhares de outros reformadores.

O mundo costuma dizer com um gesto afetado de mão: "A oposição ao progresso ficou no passado, atualmente reconhecemos o grande reformador, ou o gênio".

Não é bem assim. No passado os opositores tentaram aniquilar a grande verdade, hoje tentam sufocá-la como se fosse um capricho passageiro.

Assim está escrito no livro da natureza humana: Os salvadores do mundo são necessariamente mártires. A morte de Cristo na cruz por aqueles que veio salvar representa a crucificação temporária da opinião pública, pois trata dessa forma todos os portadores de grandes verdades, o que seria uma espécie de revelação mais clara do divino. A verdade, o certo e a justiça hão de triunfar. Nunca devemos fechar os livros sobre as grandes obras dizendo isto não funcionou.

Independentemente de os resultados serem superficiais ou a perspectiva obscura, cedo ou tarde virão a gloriosa consumação do passado e a revelação do futuro. Cristo viveu trinta anos e teve doze discípulos; um o renegou, um duvidou dele, um o traiu, e os nove restantes agiram com humanidade. E na suprema crise de sua vida "todos o abandonaram e fugiram", mas hoje milhões o seguem.

Doce mesmo é a compaixão humana. O caloroso aperto de mão cheio de amor e confiança traz um rico fluxo de força renovada a quem se debate duramente, bem como a sabedoria de alguém querido que, pelos nossos olhos, enxerga nosso futuro com amor e espírito fraterno – eis um maravilhoso sopro de uma nova vida. Se pudermos contar com a lealdade de duas ou três pessoas, pouco importa o que o mundo pensa ou diz de nós. No entanto, se esse gesto nos faltar, perseveremos bravamente em nosso caminho, ainda que exaustos, rumo à luz do sol que sempre há de brilhar.

O pequeno mundo ao redor que não nos entende, não valoriza nossas ambições nem se solidariza com nossos esforços, que lhe parecem tão inúteis, não é deliberadamente cruel, insensível, amargo, cego ou sem coração. As pessoas estão de tal forma ocupadas com as próprias buscas, problemas e prazeres que não veem as coisas como nós as vemos.

O mundo não percebe nossos ideais como nós, não sente o ardor da inspiração que nos faz fervilhar o sangue, não vê o brilho dos nossos olhos nem a luz maravilhosa que nos inunda a alma. Nada enxerga além do mármore bruto à nossa frente nem a quantidade de lascas e fragmentos aos nossos pés de um esforço aparentemente inútil; não consegue ver o anjo do heroísmo lentamente emergir de sua prisão de pedra, do nada para o ser sob nossos incansáveis entalhes com o cinzel. Não ouve o suave farfalhar de asas, real para nós, ou a glória da música de triunfo já ressonante nos ouvidos.

Há dias escuros e monótonos no decorrer de todo trabalho grandioso, quando o esforço parece inútil, a esperança é a desilusão, é a miragem da loucura. Às vezes as velas tremulam indolentes no mastro, sem uma única brisa para impulsionar o barco e com tal sensação de paralisante impotência que só resta esperar, esperar... Às vezes a esperança que construímos parece ser levada por uma onda que em segundos desfaz o nosso trabalho de tantos meses. Contudo, pode não ser assim, e quem sabe tenhamos a sorte de pegar uma correnteza que nos carregue até um porto seguro que nem ousávamos imaginar. É nessa hora que a vida nos põe à prova – somos senhores ou escravos das circunstâncias? Como na batalha de Marengo, o que conta é a luta travada quando tudo parece perdido e da aparente derrota sobrevém a vitória.

É preciso ter espírito de reformador se quisermos realizar qualquer propósito sério e grandioso, aquele que a mente e o coração nos dizem ser o correto. Ter coragem de enfrentar e superar as provações, tristezas e decepções para avançarmos destemidos e ilesos. Em nossa fé sublime na perfeição do desenlace, estaremos poderosos e imunes aos danos, tanto quanto as pirâmides sob gotas de orvalho. Por fim a verdade, aliada ao tempo, sempre vencerá. Não esmoreçamos diante da desaprovação, frieza e indiferença do mundo, sintamo-nos inspirados pelo otimismo amplo e irrestrito, de tal forma que nem a oposição inteira do mundo impedirá o triunfo da verdade. Este trabalho é tão importante que os ciúmes mesquinhos, as pequenas interpretações errôneas e as dificuldades causadas por pessoas próximas se desvaneçam.

O mensageiro não se importa com o sofrimento e a provação do rei contanto que lhe entregue a mensagem. Grandes movimentações e planos grandiosos sempre demoram para tomar corpo. Se almejamos conquistas extraordinárias, estejamos dispostos a pagar com o tempo necessário.

Qualquer um pode plantar rabanetes, mas é preciso plantar sementes e esperar o crescimento do carvalho. Não olhemos *para* as nuvens, mas para o sol que brilha por meio delas. Quando as coisas parecerem sombrias, empunhemos com firmeza nossa arma e lutemos. O progresso parece maior do que realmente é, e de fato o importante é sempre o resultado da batalha.

E quando tudo acabar, a vitória será nossa. A fumaça há de se dissipar, o cheiro de pólvora há de desaparecer, enterraremos os amigos que não suportaram a pressão, cuidaremos de todos os feridos que foram leais e permaneceram ao nosso lado, mesmo quando em dúvida – e os anos difíceis da batalha parecerão sonhos. Sentir-nos-emos animados, fortes e renasceremos para uma vida nova, melhor e produtiva, fortalecidos pela nobre batalha travada com dignidade por uma causa magnânima. E nem sentiremos o preço que nos custou.

Sobre o autor

WILLIAM GEORGE JORDAN nasceu em Nova Iorque em 6 de março de 1864. Formado pela City College of New York, começou sua carreira literária como editor da *Book Chat* em 1884. Mais tarde tornou-se editor da *Current Literature*, de onde se afastou para se tornar palestrante. Em 1897 atuou como editor-chefe da revista *Ladies Home Journal*, depois editou *The Saturday Evening Post* (1888-1889). De 1899 a 1905 foi editor e vice-presidente da *Continental Publishing Co.* Entre 1905 e 1906 foi editor da *Search-Light*. Em 1907 publicou o livreto *The House of Governors, A New Idea in American Politics Aiming to Promote Uniform Legislation on Vital Questions, to Conserve States Rights, to Lessen Centralization, to Secure a Fuller, Freer Voice of the People, and to Make a Stronger Nation*, distribuído a todos os governadores e enviado ao então presidente dos Estados Unidos, Theodore Roosevelt. O conceito foi bem recebido, e a primeira reunião de governadores ocorreu em Washington entre 18 e 20 de janeiro de 1910. Jordan foi eleito secretário desse grupo durante a reunião, mas renunciou em setembro de 1911. Contudo, o grupo tornou-se parte de seu legado, e sua importância na formação desse mesmo grupo foi posteriormente citada diversas vezes pela imprensa.

William casou com Nellie Blanche Mitchell em 6 de maio de 1922 na igreja Episcopal da Graça em Nova Iorque. Morreu de pneumonia em sua casa nessa cidade em 20 de abril de 1928.

William George Jordan

Enquanto esteve na Inglaterra como presidente de uma missão pela Igreja de Jesus Cristo dos Santos dos Últimos Dias, no começo dos anos 1900, Heber J. Grant (que se tornou presidente da igreja) leu *O poder da verdade*. Comprou mais de quatro mil cópias do editor inglês, e depois da morte de Jordan adquiriu os direitos de publicação do texto e a própria editora Deseret Book. Grant escreveu a seguinte nota ao autor: "Não conheço livro desta extensão que tenha causado tão profunda impressão em minha mente; considero seus ensinamentos de enorme valor". Hoje, mais de cem anos depois, acho difícil discordar desse sentimento.

Nota da tradutora

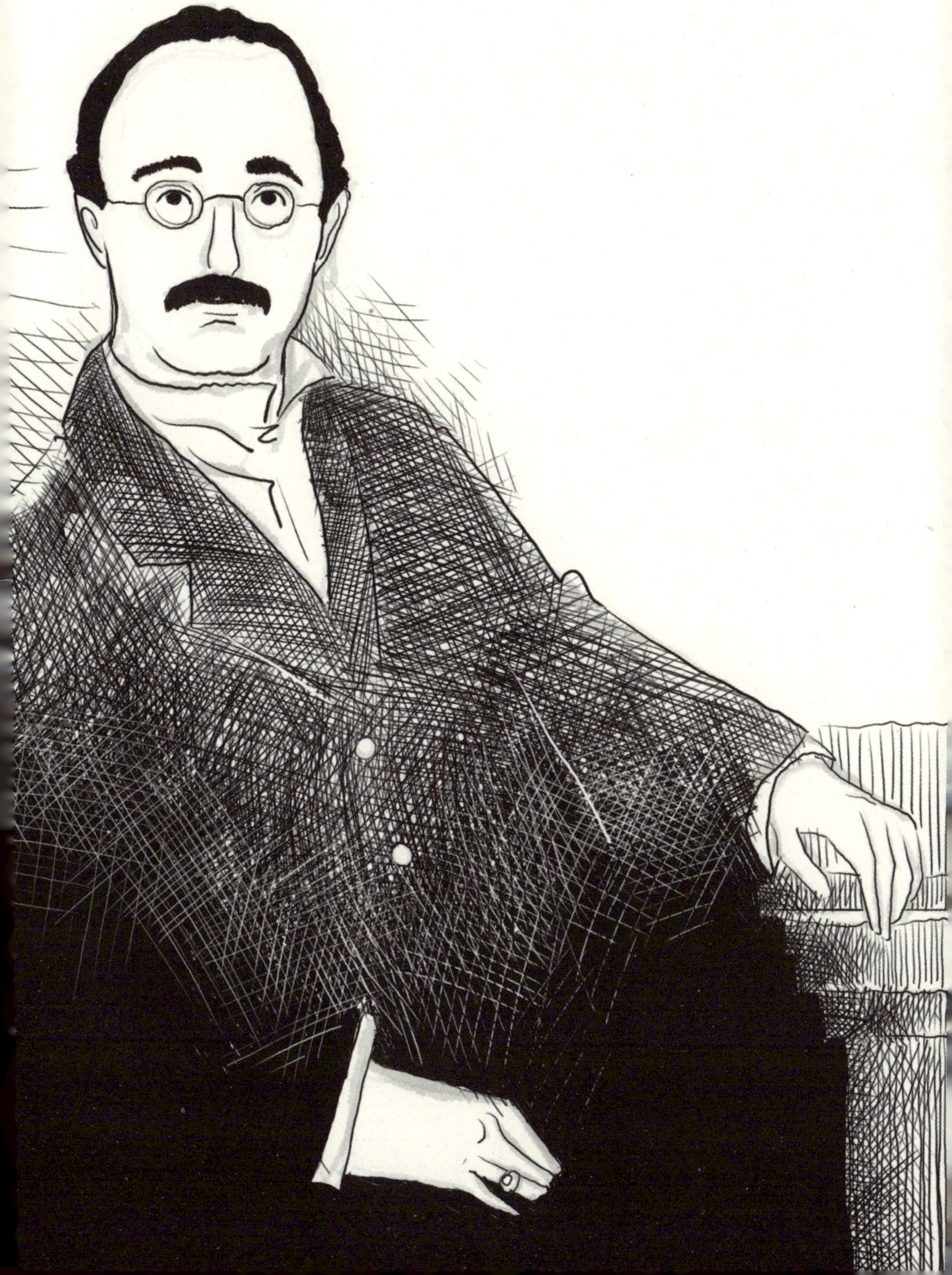